中国职业技术教育学会2021年度重点课题“中职学前教育专业幼儿动商教育校本教材开发与实践”（编号：2021A026）研究成果；中华职业教育社首届黄炎培职业教育思想研究规划课题“‘手脑并用，双手万能’育人理念下学前教育专业动商教育校本教材开发与实践”（编号：ZJS2022YB127）研究成果

幼儿动商教育教程

孙英俊◎著

安徽师范大学出版社
ANHUI NORMAL UNIVERSITY PRESS
·芜湖·

图书在版编目(CIP)数据

幼儿动商教育教程 / 孙英俊著.—芜湖:安徽师范大学出版社,2022.10
ISBN 978-7-5676-5906-3

Ⅰ.①幼… Ⅱ.①孙… Ⅲ.①体育教育—教学研究—学前教育 Ⅳ.①G613.7

中国版本图书馆CIP数据核字(2022)第191064号

幼儿动商教育教程 孙英俊◎著

责任编辑:潘 安 责任校对:翟自成
装帧设计:张 玲 姚 远 责任印制:桑国磊
出版发行:安徽师范大学出版社
芜湖市北京东路1号安徽师范大学赭山校区 邮政编码:241000
网 址:http://www.ahnupress.com
发 行 部:0553-3883578 5910327 5910310(传真)
印 刷:苏州市古得堡数码印刷有限公司
版 次:2022年10月第1版
印 次:2022年10月第1次印刷
规 格:700 mm × 1000 mm 1/16
印 张:16.75
字 数:230千字
书 号:ISBN 978-7-5676-5906-3
定 价:58.00元

序一　会动是能变的开始

收到杭州市闲林职业高级中学孙英俊老师的邀请，为其《幼儿动商教育教程》一书作序。孙老师是我的好朋友，我第一时间回复："谢谢抬爱，担心资历不够高。如您认为合适，当然义不容辞。"随即，孙老师将书稿发来，我有机会一睹"幼儿动商"的"真容"。

动商为何物？孙院长为何如此痴迷？作为在教育领域学习多年的工作者，我以为孙老师在"摆弄"概念，但是一口气将书稿看完，疲惫中，深深感受到一所中等职业学校体育专业教师对职业教育的理解、对人才培养的热忱和对职教科研孜孜不倦的追求。

"将幼儿动商发展做成我的作品"，这是多年前孙老师见面就跟我唠叨的一句话。关注幼儿动作、技能发展水平，关注儿童动手处理事情、与外界多彩世界进行交流，这是体育学、教育学及儿童发展心理学多个学科长久以来持续研究的话题。用商数对幼儿动作技能发展状况进行评定，无疑为幼儿教育工作提供了一个抓手。这个抓手，在幼儿教育不断得到重视的今天显得格外重要：一方面可以给广大幼儿教师提供组织、设计动手类游戏的基本思路和框架，另一方面可以给职业院校就读幼儿师范专业的准教师们提供提前思考推进儿童全面发展的教育的空间。《幼儿动商教育教程》一书就是这样一部"作品"。

通读全书，我发现此书至少有两大特点。

一是学术视角与实践视角兼顾。我关注、思考职业教育领域多年，调研过许多中职学校和幼儿园，看到过不少学校开设幼儿体育专题课程，进行过不少课题研究。但是对于“动商”这一概念而言，包括我在内的诸多教师在认知上可能还处于起始阶段。孙老师在学术视角下深入研究这一概念，对推动学术研究大有裨益。可贵的是，书中呈现大量可操作的实践案例，与理论分析相互印证，为此书增添了“现代职业教育”的色彩。

二是传承与创新并重，适应性强。一本好教材要能够立足学生发展的需要，要便于执教者开展教学。该教程充分考虑到幼儿健康领域发展的前沿，顾及幼儿园教师日常教学所需。在跨界、融合成为发展基本动力的今天，书中以跨学科、跨专业形式呈现的系统化的理论内容和操作性强的实践内容，对于学前教育专业学生未来岗位竞争力形成意义重大。

动商研究有肥沃的土壤。开展研究的幼儿保育专业（学前教育专业）是闲林职高“浙江省高水平建设专业”，拥有近40年的专业办学历史，该校被誉为“余杭区幼儿教师的摇篮”。其“全科教育”教学成果荣获浙江省人民政府教学成果评比二等奖，“五艺 +”综合素养课程得到《中国教育报》整版报道。由幼儿动商教育研究团队孵化的手球项目，在2022年杭州市手球锦标赛中获得冠军，在2022全国中学生手球锦标赛中获得二等奖，多名运动员获得国家一级、二级运动员称号。如今，手球已经成为闲林职高幼儿动商教育典型的教育载体。多家早教机构、幼儿园、企业纷纷与该校合作，共同致力于幼儿动商教育研究。

我与闲林职高结缘多年，对于该校的重大教育教学改革非常了解。孙老师于2001年8月到闲林职高任教，至今已21年整，可以说人生中最美好、最具活力的时光都留在学校里。如今，孙老师是余杭区教育局体育学科兼职教研员，杭州市优秀教师，杭州市优秀教练员，发表论文30余篇，参与国家级、省级、市级课题10余项。在动商研究上，专门成立全国首个幼儿动商教育研究室，出版了全国首部关于幼儿动商教育研究的著作《全科:幼儿动商教育研究》。2021年12月—2022年6月,孙老师被杭州第19届亚运会组委会抽调至浙江工商大学亚运会手球比赛场馆服务。这个“闲不住”的跨界人才,正在大展身手,服务着学校,推动着地方职业教育的发展。

借作序之际,也祝愿幼儿动商教育研究不断“开新花,结新果”,为“未来幼儿教师”培养助力,为现代职业教育提质培优。因为,会动是能变的开始。

刘辉

浙江工业大学职业技术教育学院副教授、教育学博士

二〇二二年九月

序二　体育领域研究的一个新生儿

听闻孙英俊老师的《幼儿动商教育教程》即将出版，我内心充满期待。拿到书稿时，恰好赶上我正在办理退休手续，浏览了一遍后，感觉意犹未尽，又仔细地阅读了几遍，深感后生可畏，值得敬佩。

本来《幼儿动商教育教程》的出版与我退休毫无关联，怎么就硬生生扯到一起了呢？在我的思维中，这是"生"与"死"的照会。《幼儿动商教育教程》如果是幼儿体育领域的一个新生儿的话，我则是带着对体育教育的情怀，走向人生暮年，换句话说，我已经走完了职业生涯，踏入了如婴幼儿独有的"兴趣人生"和"游戏世界"，我将在"玩"的世界中颐养天年，在充分地享受少儿般的"快乐"后，走向终点。这是历史的必然，更是人生的必然，人类文明就是这样形成的。《幼儿动商教育教程》作为体育领域研究的一个新生儿，也一定会经历发生与发展的规律，走向成熟，值得祝贺。

实际上，我的退休手续办得并不顺利，遇到了两件事，搞得我焦头烂额，也让我重新审视了一些问题。

第一件事是我留学时获得的硕士学位（2002年硕士毕业）没有经过"中国留学服务中心"的学位认证（博士学位已经认证），需要补充认证。为了认证硕士学位，我把保存的求学期间所有材料重新翻阅，好在"在留资格"、当时的"护照"（已经过期）、"学生证"等材料保存完好，虽有惊险但还算顺利地办理了学位认证书。之所以说这件事，是因为"依据”或者“证据”重要，如果这些材料丢失或者查不到，对我的评估甚至生活质量将会产生巨大影响。可以说《幼儿动商教育教程》的出版，是幼儿教育中“体育”留下“证据”的最好证明，在未来任何时候都能看到2022年有人写过这样的一本书，有人做过这样的一件事，有人曾经在此领域内默默耕耘，这就是价值。在这里，我们可以不去探讨“动商”究竟是什么，可以不去探讨这本书将会产生什么样的效果，仅凭《幼儿动商教育教程》的存在，就足以证明这个研究的价值。我想说，做点什么本身就是意义，留下点什么就是价值了，历史只会发现。

第二件事要比第一件麻烦、棘手。具体情况是：我的档案袋里发现了一张“离职通知单”，我要证明“离职”不是我离的职，否则，博士毕业前的工龄不予承认。听到这个消息，一下子让我毛骨悚然。我本来就不擅长交往，还需证明自己怎么离职这种难题，况且是22年前的事情，给出的时间只有不到36个小时，而我在浙江，需要大连的证明，还赶上暑假。如何破解这样的难题？我有一个习惯，就是遇到事情的时候，一定要弄清楚这件事的来龙去脉，再决定如何处理，这个习惯帮了自己的大忙。首先，我对自己的履历进行了彻底的梳理，确认没有问题后，就做了情况说明书。其次，请求对方帮助，探寻解决的可能性，在确认有可能解决的前提下，就“离职”问题进行细节查证，说明当初我在国外，并不知道这个“离职通知单”的存在。最后，在符合国家留学政策和行政规定的前提下，取得了“解除聘用合同”的证明。这里实质上蕴含着“离职通知单”的“规定”性问题和“离职”的“本来”含义这样两个概念。“规定”是一个范围，你在这个范围内，要么合理要么不合理，合理了就符合规定，不合理了就违反规定。“本来”则是“就是这样”。当你没有认识到这个“本来”的时候，你会认为它不合理、没有道理。如“日心说”当初就被视为异端学说，甚至哥白尼被处死。当认识水平达到新高度的时候，就会接近“本来”的真意。换句话说，就是慢慢地认识到“规律”。《幼儿动商教育教程》的出版，切中了当前教育的热点话题，对切实保证

“双减政策”的落实，有积极的引导作用；更切中了社会问题，对“防止男性青少年女性化”（2010年政协提案）有抑制作用。梁启超曰：少年智则国智，少年富则国富，少年强则国强，少年独立则国独立，少年自由则国自由，少年进步则国进步，少年胜于欧洲，则国胜于欧洲，少年雄于地球，则国雄于地球。幼儿、少年的动商研究及教程出版在慢慢地接近教育的“本来”，回归到教育发展的规律上来，如能够在现实教育中落实和发展的话，则少年强可期。

我在《中国学校体育》杂志曾经发文提倡学生要“会动”“灵动”，本意就是要追求体育教育的“本源性”价值，形成运动感。这样做的意义在于不仅能够审时度势、运筹帷幄，更能够创造性地展现自己，体现运动价值和生活价值。但这一切基于婴幼儿期的运动感觉开发，否则事倍功半，无数事实已经证明这样的道理。从《幼儿动商教育教程》的结构上看，其理论篇对运动感的本源性解释有理有据，特别是将“身体认知”“运动感知”“自我概念”“运动能力”等合理融合，可以说是一种理论创新，为婴幼儿“运动感”的建立奠定了坚实的基础。其实践篇中顺应儿童青少年的生长发育规律按照小、中、大班和课题化、主题化的形式展开活动，具有体育教育的前瞻性和实效性，值得期待。

愿孙英俊老弟能借此书出版的东风，将婴幼儿体育的研究更深一步，造福后代；愿孙英俊老弟能够取得更多的业绩，铸就“自己”。

孙喜和

浙江师范大学体育学院教授、博士生导师

二〇二二年九月

前言

学前教育是指从出生到入学前的教育。做好学前教育对于儿童未来发展具有重要意义。适宜的学前教育可以帮助儿童形成正确的学习态度、良好的学习习惯以及积极的学习动机。

如今,孩子健康地成长已成为影响家庭生活质量的一个关键性因素,影响着家庭生活和谐幸福指数。家庭是社会的基本单位,每一个幼儿连接着一个或几个家庭,因此学前教育牵动着全社会,成了大家关注的民生问题。

南京理工大学王宗平教授在法国人1905年提出的“智商”和美国人1990年提及的“情商”的启发下,结合自己多年的研究实践,于2012年5月14日在《中国体育报》上首次正式提出“动商”的概念,引起国内外诸多专家学者的关注,此后一百多家新闻媒体对其进行相关的报道。

2019年10月28日,“孙英俊幼儿动商教育研究工作室”在杭州市闲林职业高级中学挂牌成立。该工作室立足于中职学前教育专业(现为幼儿保育专业),开展了以“幼儿动商教育”为主题的系列研究。工作室的首部专著《全科·幼儿动商教育研究》由吉林人民出版社出版。

2021年6月1日,“幼儿动商教育研究院”在杭州市闲林职业高级中学正式挂牌成立。同年12月,该研究院申报的课题“中职学前教育专业幼儿动商教育校本教材开发与实践”被中国职业技术教育学会列入2021年度重点课题。截至2022年6月,研究院首个孵化幼儿动商教育项目“手球”，完成了两轮教学实践，成功举办了首届幼儿保育专业手球比赛。

如今，一批优秀的幼儿保育专业毕业生走上幼儿教育工作岗位，开始了幼儿动商教育实践。在师生交流中，笔者发现，他们迫切渴望能够拥有一本具体阐述何为动商、何为动商教育、何为幼儿动商教育同时能指引如何开展幼儿动商教育的参考书。基于前期研究的成果，特别是广大师生所积累的幼儿动商教育的案例，笔者推出了这本《幼儿动商教育教程》。

本书先概述幼儿教育、动商理论、幼儿动商教育，然后详细介绍幼儿动商教育的广泛实践。附录收有幼儿动商教育知识题库、幼儿动商教育知识测试。此书既可供中职幼儿保育专业学生在校学习，又可供幼儿园在岗教师和幼儿家长参考，还可供有志于幼儿学前教育的其他人员使用。

由于个人能力及精力有限，书中难免存在失误，若有发现，敬请告知。

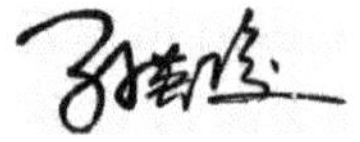

二〇二二年九月

目　录

实践篇

绪 论

“幼儿动商教育”作为一门课程,可以说是在幼儿教育得以重视的时代条件下形成的,具有新的内涵和新的特点。这门课程对幼儿动商的学习者和研究者来说,都具有重要的价值。现在把有关学习本课程的一些问题,逐一解答,作为“绪论”部分。

第一,幼儿动商教育有什么用?

幼儿是祖国的花朵,是国家发展的希望,做好幼儿期启蒙教育意义重大。中共中央、国务院于2018年11月7日印发的《关于学前教育深化改革规范发展的若干意见》,充分表明了党和政府对幼儿教育的高度重视和对幼儿发展的热切关怀。动商是人类生命的原动力,也是人类生存和发展必不可少的基本素养。作为幼儿教师,要对动商教育加以重视,认真学习有关动商教育方面的知识和技能,深入了解动商教育的内容,合理进行动商教育设计。

动商教育是幼儿机体生长发育的重要载体。幼儿期是一个人机体组织和器官不断发育成长的重要时期。营养和卫生为新陈代谢提供所需的物质和环境,运动通过幼儿自身的活动来增强机体的新陈代谢。幼儿在游戏中进行奔跑、跳跃等活动,会加快中枢神经系统的支配活动以及心脏血液循环,各器官的生理机能会得到锻炼和改善,可达到增强体质的目的。

动商教育是提高幼儿机体适应能力的重要手段。体能是通过力量、速度、耐力、协调、柔韧、灵敏等运动素质表现出来的人体基本的运动能力。幼儿体能的发展，如果任其自然成熟，那么只会达到一般水平。坚持经常性运动，使幼儿机体有机会接受自然条件多种变化的刺激，提高幼儿机体的调节功能与适应能力，从而使幼儿能很快地适应气候冷热的变化，抵抗各种病菌的侵袭，保持身体的健康。

动商教育是幼儿智力有效发展的重要途径。从心理角度分析，幼儿智力水平主要体现在幼儿对事物的认知程度上。幼儿认知能力的获得主要依靠直观感知。幼儿在认识事物的过程中，主要通过感官接受直接刺激获得的信息来了解外部事物的各种特性。幼儿记忆能力的发展也离不开实际操作。在幼儿记忆的发展中，幼儿通过参加活动，接受直接刺激并进行操作活动，获得很多印象深刻的信息，回忆起来就容易成功。

动商教育是幼儿优良品质培养的重要路径。一个人在动作发展过程中以及身体活动的经历中获得的各种体验(肢体变换与协调的体验、成败经验、情感体验等)会形成对身体活动最初的看法和参与身体活动的信念，进而影响今后参与身体活动的态度、模式、信念和价值取向。因此，通过参与活动，幼儿可以知道如何与其他小朋友合作、竞争，树立集体荣辱观，等等。

动商教育是幼儿情商与智商发展的催化剂。“动商”被认为是继智商、情商之后的第三种人格，体现的是个体的综合运动意识以及能力。动商所反映的是人类生存的需要以及本能，婴儿在胎中已经具有相应的胎动现象，并且在出生后逐步实施身体运动。尤其需要注意的是，相对于智力开发以及情商培养，运动指导的开始时间应更早，并凸显“身体先于精神”这一理念。在促进幼儿发展的各项措施中，应该将动商教育前置，从而为智商以及情商的发展创造有利条件。

第二，幼儿动商教育研究状况如何？

通过检索国内较为权威的三大数据库(知网、万方、维普)发现，截至2022年9月30日，关于“幼儿动商教育”的文献，知网有20篇，万方有16篇，维普有9篇，比对后仅有23篇：

陈金鼠.基于动商理念探究幼儿体育活动的游戏化教学模式[J].家长，2021(33)：10-11.

赵雪静.CIPP教育评价下绳之健课程对幼儿动商发展的研究[J].新课程，2021(27)：16.

陈玮玲.探析幼儿动商教育的重要性[J].读写算，2021(20)：33-34.

郑淞，石国建，朱钦云，蔡涵.幼儿动商教育的时代价值与策略探析[J].基础教育研究，2021(14)：96-98.

王建刚，张万宝，王茂，等.动商理念视域下幼儿体质下降的现实思考与路径选择[J].青少年体育，2021(8)：134-136.

刘宗瑜.动商理论在地方幼儿园体育教学中的应用[J].灌篮，2021(7)：75-76.

曾炘瑜，陆鹏程.篮球运动对幼儿动商的影响与分析[J].灌篮，2021(5)：5-6.

范云峰.动商理念下幼儿体育活动游戏化教学相关[J].才智，2020(16)：158.

纪元.基于“三商一体”背景下的幼儿动商发展研究[J].青少年体育，2020(6)：135-136.

李慧真.KDL幼儿运动游戏课程对5-6岁幼儿动商的影响[D].大连：辽宁师范大学，2020.

孙英俊，干群，王利平.幼儿动商教育研究综述[J].教育观察，2020(20)：25-27.

王保龙.动商视域下幼儿体育课程构建研究[J].青岛职业技术学院学报，2020(3)：58-60.

孙英俊，沈敏.幼儿园动商教育的意义与对策[J].体育画报，2020

(14):64-65.

蔡恒生.足球游戏对5-6岁幼儿动商的影响与分析[D].天津体育学院,2020.

王嘉成.平衡车运动对5岁幼儿动商影响的实验研究[D].聊城:聊城大学,2020.

孙英俊,王利平.探析幼儿动商教育的意义、内容及措施[J].教育观察,2020(4):5-7.

丁家红.动商从幼儿基本动作开始[R].国家教师科研专项基金科研成果2019(八),2019.

陈庆国,马中林.幼儿动商教育研究的有效实践——评《幼儿园户外体育活动设计与组织》[J].职业教育(下旬刊),2019(3):97.

罗露露.简析幼儿园培养幼儿动商的重要性[R].国家教师科研专项基金科研成果2018(四),2018.

周国霞,王玉洪.昆明市市区3岁幼儿"动商"现状及发展策略研究[J].体育世界(学术版),2018(11):165-166.

石作政.基于动商理念:幼儿"三商"素质协调发展之体育行为开发[J].铜仁学院学报,2017(12):73-77,90.

詹本乐,邓青.论"动商"理念下幼儿足球课程顶层设计[J].体育科技文献通报,2017(8):25-27.

蒋磊.5-6岁幼儿动商测评量表的初步研制[D].南京:南京体育学院,2016.

从上可见,对于幼儿动商教育的研究,目前处于起步阶段,更多的内容停留在探讨开展幼儿动商教育的价值与意义上,而系统展开研究,特别是如何开展幼儿动商教育的研究,尚处于空白。

另外,通过国家图书馆查阅相关"幼儿动商教育"图书,仅见本书作者所著《全科·幼儿动商教育研究》。

综上所述,本教程的出版将对上述空白加以填补,对在校学生、在岗教师以及社会人员是一大利好。

第三,怎么才能学好本教程?

学好本教程,一要端正学习态度,二要讲究学习方法。

所谓端正学习态度,就是要认真,要追求"甚解"。幼儿动商教育是一门偏重于应用的课程。幼儿教育人才的培养不仅需要扎实的理论作为支撑,更为重要的是要在实践中加以运用。作为幼儿动商教育的实施者,不仅要在实践中精准地讲授动作的方法与技巧,还需在过程中进行标准化的示范。

至于学习方法,有许多是与其他课程相通的,比如说循序渐进、刻苦用功、全面掌握材料、辩证地看问题等等。下面特别提出三点:

要把幼儿教育规律作为幼儿动商教育学习的基石。学前教育是影响孩子一生发展的事业,是一个循序渐进的过程。只有基于幼儿教育外部规律和内部规律的全面掌握,我们才能更为有效地开展好幼儿动商教育的学习。

要把动商理论作为幼儿动商教育学习的理论武器。探究幼儿动商教育,要先明确什么是动商、动商概念的形成及演变、动商的具体内容以及相关提高动商的方法等等。而这些都需要通过掌握系统化的动商理论来实现。

理论与实践相结合是幼儿动商教育学习的基本原则。知识的获得,无外乎两种途径:一是学习理论知识,二是实践。学习理论知识重要,但忽视了实践,就会前功尽弃。多实践便多经验,多经验便多知识。

根据上面所述,学习本教程可分为三个步骤:

学习与幼儿动商教育相关的基本理论和基础知识,包括幼儿教育的基本特点、基本规律、基本理念,动商的概念及演变、动商的内容及特征、动商的作用及价值、动商的影响因素及评测等理论知识;

明晰幼儿动商教育内容,掌握幼儿动商教育能力,重点探究幼儿体育游戏、幼儿手球、幼儿足球和幼儿舞蹈等动商教育载体；

通过动商教育载体的研究，提高自己幼儿动商教育的设计能力，并在校内、校外教育实践中加以运用。

通过本教程的学习，希望可以实现举一反三，且要求做到：

明确幼儿动商教育的重要意义和价值，并积极投入学习；

掌握幼儿小、中、大班的身心发展特点，能够有针对性地开展幼儿动商教育活动设计；

积累相关幼儿动商教育经验，为未来工作能力提升打下坚实基础。

若上述目标均得以实现，相信幼儿动商教育的工作基本上做到了“得心应手，事半功倍”，幼儿动商教育的学习者能够做到“学以致用”。

理论篇

基于读者对幼儿园工作的熟悉程度，本部分由幼儿教育谈到动商理论，最后重点介绍幼儿动商理论。

第一章　幼儿教育概述

人生百年，立于幼学。学龄前阶段是人生最重要的启蒙时期，科学的学前教育对人的后继学习和终身发展具有不可替代的重要作用。幼儿教育是我国教育的重要组成部分，进行幼儿教育理论的有效梳理对幼儿教育工作者而言意义重大。本章围绕幼儿教育的基本特点、基本规律以及基本理念等加以阐述。

第一节　幼儿教育的基本特点

幼儿教育主要指的是对3—6岁年龄阶段的幼儿所实施的教育。幼儿教育的特点是指幼儿园在实施教育活动过程中，所表现出的自身独有的教育特征、内在特质与发展趋向。

一、启蒙性

幼儿教育的主要目的就是让幼儿身心得到有效的启蒙及发展。《幼儿园教育指导纲要（试行）》指出：幼儿园教育的内容是广泛的、启蒙性的……幼儿园教育的启蒙性是指幼儿园教育要与幼儿的现实发展需要联系起来，要启于未发、适时而教、循序而育，以免损伤“幼嫩的芽”，而促进其茁壮成长①。

儿童不具备验证科学知识的能力，只能简单使其记住结果而应用科学知识，这种忽略证明过程的教育具有启蒙性。通常，幼儿语言教育、动作教育、认知教育、社会新教育、营养与喂养、卫生和保健等六项是幼儿启蒙教育的内容。

二、终身性

幼儿教育为幼儿以后的教育打下基础。《幼儿园教育指导纲要（试行）》指出：为幼儿一生的发展打好基础，尊重幼儿的人格和权利，尊重幼儿身心发展的规律和学习特点……促进每个幼儿富有个性地发展。

幼儿教育作为人发展的根基，着眼于人的未来发展状态，基于幼儿

①陈幸军.幼儿教育学 新版［M］.北京：人民教育出版社，2003：132.

的发展状态，养成其良好的习惯，培育其良好的心性，引导其健康地成长，为其提供发展的无限可能，为其终身发展提供不竭的动力。

三、游戏性

游戏给儿童提供了巩固他们所获得的认知结构以及发展他们情感的机会。皮亚杰根据儿童的认知发展将游戏分为三类：练习性游戏、象征性游戏以及规则性游戏。杜威认为游戏是儿童的精神态度的完整性和统一性的标志。

充满游戏性的教学强调人是游戏和教学的契合点，人是教学的逻辑起点，教学是提升人生命意义和价值的活动，是对人生命的关怀。具体而言，从内在特征来看，游戏性可以表现为愉悦、自由、规则、和谐；从外显方式来看，游戏性可以表现为对话、体验、表演、虚拟①。

四、养成性

养成性教育是指培养儿童的行为习惯，使其言谈举止规范化，或指综合多种教育方法和途径，按照一定的道德规范、行为准则培养一个人的道德品质和行为习惯的教育。

人类的繁衍、生活、生产以及科学研究都离不开教育。教育的目的就是培养习惯，增强能力。一个人后天形成的习惯，是造成人与人之间差别的主要原因。幼儿教育是“播下一个行动，收获一种习惯；播下一种习惯，收获一种性格；播下一种性格，收获一种命运”②。

---

① 冯季林.教学的游戏性研究[D].长沙：湖南师范大学，2008：61.

② 金岚，王洪艳，尹东方.幼儿习惯养成教育探索[M].杭州：浙江教育出版社，2015：3.

第二节　幼儿教育的基本规律

幼儿教育是影响孩子一生发展的事业，是一个循序渐进的过程。规律是对事物之间必然联系的客观反映，教育规律是教育发展过程中的本质联系和必然趋势。

一、外部规律与内部规律

幼儿教育作为一个独立的学段，是以入学前的儿童为教育对象，在价值定位、教育形式、实施机构和实践体系上都有别于其他教育阶段，有自己的教育理念、教育目标、教育内容和教育方法。

幼儿教育的外部规律是指幼儿教育与社会系统和其他因素之间客观而肯定的关系。如：幼儿教育与人口状况、经济实力、公共政策、科技水平、风俗习惯、生态环境等社会因素之间的关系。它既表示社会系统中不同方面或因素的发展对于幼儿教育发展的制约或支持，又表示幼儿教育对于社会各方面发展的特定功效和贡献①。

幼儿教育的内部规律是指幼儿教育自身内部诸多要素之间的实质联系及其发展的客观趋势。如：课程内容设计与组织的有机性，教学中的目标、内容与方法之间的内在一致性，幼儿园一日活动中教学与游戏的合理融合，保育和教育的相互结合，等等。这些都是幼儿教育内部规律在不同层面上和不同过程中的具体体现。

① 庞博.关于学前教育规律的思考[J].才智，2011(10)：106.

二、基本规律与特殊规律

基于教育规律适用范围的大小或层次的高低，幼儿教育规律有基本规律和特殊规律之别。

幼儿教育的基本规律是幼儿教育规律中一般的、具有普遍适用性的规律，它存在于一切幼儿教育现象之中，并始终贯穿于幼儿教育发展的整个过程。幼儿教育的特殊规律则是反映幼儿教育发展不同时期、不同领域的特殊性规律。幼儿教育的特殊规律是幼儿教育基本规律的具体化，而幼儿教育的基本规律是幼儿教育特殊规律的归纳和概括。

在幼儿教育内部复杂的关系体系中，幼儿教育与儿童发展之间的关系是最基本的关系范畴，它对其他诸因素具有普遍的制约和统摄作用。所以适应和满足幼儿儿童身心发展的特点与需要可视为幼儿教育的内部基本规律。幼儿教育的内部基本规律直接表现为幼儿教育教学对于幼儿儿童的生理发展、心理发展以及人格发展等诸多方面的适应和促进①。

幼儿教育的外部基本规律存在于幼儿教育系统与外界支持系统之间具有的实质联系及客观趋势之中。适应外部环境特别是社会发展水平的要求是对幼儿教育外部规律最基本、最一般的概括。作为外部基本规律的具体表现，经济、政治、文化、人口、科技、自然生态等社会发展的基本因素各自在不同时空背景下对幼儿教育的支持或制约便是幼儿教育的外部特殊规律②。

三、幼儿教育的核心规律

学龄前阶段是人生重要的启蒙时期，科学的学前教育对人的后继

① 庞博．关于幼儿教育规律的思考[J]．才智，2011(10)：106.

② 丁海东．论学前教育的规律[J]．学前教育研究，2009(7)：29-31.

学习和终身发展具有不可替代的重要作用[1]。

幼儿教育规律中最核心的是幼儿身心发展规律。幼儿的身心发展规律和学习特点，是开展科学保教的基础和前提。3—6岁儿童处于人生发展的重要时期，这个时期的生活和教育将影响他们一生的发展。幼儿处于具体形象思维和感知运动发展阶段，他们主要通过与外部世界的相互作用来获得新经验，他们关注周围环境中生动有趣的事物，关注同伴，关注自己感兴趣的事物。

幼儿教师必须了解幼儿的身心发展规律和学习特点，关注幼儿的现实生活，深入观察自己所面对的每一个幼儿的行为表现，分析他们的发展特点和需要，有针对性地为每一个儿童提供适宜的、可选择的和有趣味的环境和材料，以便引发儿童与同伴、环境的相互作用[2]。

① 焦新.尊重儿童发展规律　提高学前教育质量：教育部学前教育专家指导委员会负责人就《3—6岁儿童学习与发展指南》答记者问[N].中国教育报，2012-10-16(2).

② 虞永平.用规律指引学前教育健康发展[J].幼儿教育，2018(13)：55.

第三节 幼儿教育的基本理念

幼儿教育是人生教育的开始,对一个人的知识积累、人格塑造及身心健康成长等有重要的作用。如何针对幼儿实施科学的教育,是教育界关注的焦点问题之一。幼儿教育理念比较多,下面择其要点加以介绍。

一、快乐教育

"快乐",指"感到幸福或满意"。在心理学上,"快乐"是指在所盼望或追求的目标达到而紧张解除时的情绪体验,也就是讲,"快乐"是一种最佳的心理状态,是一种个体愉快的心理体验,简言之,"快乐"指"愉快、满意、欢乐的情绪"。

快乐教育思想的起源,最早可以追溯到法国的启蒙思想家、教育学家卢梭(1712—1778)的"自然教育"理论。卢梭的"自然教育"理论观点是以发展儿童"内在自然"或"天性"为中心的教育思想。卢梭认为:人的教育要同人的"内在自然"相一致,以"内在自然"为依据,依照儿童的"内在自然"的发展秩序,才能使他们的身心得到顺利发展。其中,"内在自然"是人的"原始倾向","天性"指的是"生来就有的感觉"。卢梭也认为:人生下来一意识到自己的感觉,便希望去追求或者逃避产生这些感觉的事物。感觉是认识、情感和意志的来源和基础;人通过感觉器官得到的感觉有痛苦的,也有快乐的,人总是厌恶痛苦,喜欢快乐,这些就是人性的基本内容①。

① 段镇.少先队学[M].上海:上海人民出版社,2015:222.

快乐教育理念的内涵可以概括为：面向全体学生，着眼于全面发展，教学中真正体现教师的主导地位、学生的主体地位，教师要能够做到“教书育人、管理育人、服务育人、环境育人”。快乐教育理念的核心内容概括为“强调愉快发展，在发展中求愉快，在愉快中求发展”。

赫伯特·斯宾塞（1820—1903）的快乐教育，以心理学、兴趣教育思想和自然主义教育思想为理论基础，采用符合儿童心理和生理发展特征及客观规律的教育方法，让孩子的智、体、德各方面的能力在愉快、自然的状态下获得发展的教育。快乐教育的目的是让孩子成为一个快乐的人，教育手段和方法也应是快乐的。就像一根细小的芦苇管，从一头输进去的如果是苦涩的汁水，在另一头流出的就不会是甘甜的蜜汁[①]。

“快乐教育”绝不是玩玩乐乐，也不是单纯地减轻学生的课业负担，更不是以降低质量而达到快乐教育的目的。“快乐教育”不只是教师在课堂上需要学生展现笑容来配合教学，而是在教学过程中，学生发自内心地感受到学习的愉快。快乐教育的实质就是面向全体学生，充分调动学生的积极性，使全体学生都得到生动、活泼、主动、全面的发展，同时使学生的个性得到健康的发展，变应试教育为素质教育，以提高学生的整体素质为教育目标。

二、个性教育

个性是一个人稳定的心理品质，它决定着人对现实的态度、对问题的看法、对事物的取向。具有独立意义的人就是有个性的人。有价值的教育一定是高度发展学生个性的教育。苏霍姆林斯基从马克思主义关于人的全面发展理论出发，创造性地将“全面发展”“和谐发展”“个性发展”融合在一起，提出个性全面和谐发展的教育思想，并将其作为学校教育的理想和目标。在他看来，所谓个性全面和谐发展即意味着人在品行上以及同他人相互关系上的道德纯洁，意味着体魄的完美、审美

① 斯宾塞 H.斯宾塞的快乐教育[M].颜真，译.福州：海峡文艺出版社，2010.

需求和趣味的丰富以及社会和个人兴趣的多样。

个性有时称为人格，是指一个人的整个精神面貌，是具有一定倾向性的心理特征的总和。个性结构不仅是多层次的，还是多侧面的。个体发展，既有普遍性，又有特殊性。每一名幼儿都是独立的个体，在教育过程中都应得到尊重，也应实施个性化教育。幼儿的个性表现在对事物的态度以及言行习惯等方面，具有独特气质，在生活中给人留下深刻印象①。

个性教育的实质是以受教育者的个性差异为重要依据，让每一个学生都找到自己个性才能发展的独特领域，是以个性充分发展和人格健全为目标的教育。个性教育主张弘扬学生独特的个性，充分注意学生的差别，承认学生在智力、社会背景、情感和生理等方面存在的差异性。个性教育强调发展学生个性，而不是无视学生个性的存在。实施个性教育，教师要善于发现幼儿身上的优点②。

三、平视教育

苏霍姆林斯基说过，只有那些始终不忘自己也曾是一个孩子的人，才能成为真正的教师。平视教育是在尊重学生个体差异的基本事实上，尊重学生的人格前提下，不以博学为传道手段，而是蹲下身子，放下架子，在平视中，以“问计于学生”的心态与学生共同研究如何处理问题的方式和方法，从而激发班级群体和每个学生的主动性和创造性，并在这种主动积极参与班级管理的过程中，让学生领会如何做人、如何生活、如何学习的教育理念。

人看人的视角，归结起来大致有三种：俯视、仰视与平视。“平视”不仅是目光角度的问题，更是一种心态、一种能力。关注孩子一时成败而

① 王学琳．论学前教育对幼儿个性发展的重要性［J］．宁夏师范学院学报，2021（11）：87-89.

② 程正理．浅析幼儿教育方法［J］．甘肃教育，2020（22）：100.

不思考学生一生得失的老师不可能平视；在乎孩子能不能用纸笔通过测试而不在乎学生能不能用行动通过测试的老师没有能力平视。教育需要"平视"，只有"平视"才可以开启教育的尊重。

教育是人的教育。一个不明白世界是人的世界的人，不配当教师；一个不把学生当作人来培养的人，不配当教师。教育不能只面向少数学生，也不能只面向多数学生，而要面向每一位学生。

平视就是尊重学生，承认师生之间的平等主体关系。在日常的教育教学中，一些教师往往存有偏见。对于优秀生钟爱有加，视作"掌上明珠"，"一俊遮百丑"，只见优点，不见缺点，即使犯有错误，也是"大事化小，小事化了"。而对于"后进生"，总觉得不顺眼，"一叶障目"，只见缺点，不见优点，把芝麻般的错误看成西瓜大，一旦抓住把柄就"兴师问罪"，借机好好"修理"与"整治"，以期"后进生"有所畏惧和收敛。在"标签效应"的影响下，对一个个所谓"后进生"，教师想着其有多糟糕就有多糟糕。但是，优秀生和"后进生"在人格地位上是平等的，作为教师，理应一视同仁。

四、赏识教育

赏识教育是我国"土生土长"的概念，是一个与"惩戒教育"相对立的概念。真正的惩戒教育，是通过批评与惩罚，让受教育者感到难过，但是又不会影响其身心健康发展，使他们意识到自己的错误从而纠正错误。赏识教育是指在爱、尊重、理解的基础上，教师对学生的优点给予肯定和表扬①。

赏识教育是爱的教育，是充满人情味、富有生命力的教育。爱，人人需要，成长中的孩子最需要。爱是一种信任，爱是一种尊重，爱是一种鞭策，爱是一种激情，爱是一种能触及灵魂、动人心魄的教育过程。

教育没有爱不行，教育仅有爱不够，教育还须有爱的艺术：只有把

① 向葵花.重新审视惩戒教育[J].中国教育学刊，2004(2)：27-28，32.

爱化作具体的言行，儿童才能切切实实地感受得到。赏识是爱的具体表现，赏识是爱的真诚流露，赏识是爱的付出，赏识教育是爱的教育[①]。

赏识教育的作用主要表现为教师对学生行为的一种积极而肯定的信息反馈。赏识教育在教学中能够激发学生的潜力。赏识教育本质就是一种激励。有人发现，一个没有受过激励的人仅能发挥其能力的20%—30%，而当他受过激励后，其能力是激励前的3—4倍，因而在学习过程中，激励的存在，至关重要，任何学生都需要不断被激励。赏识教育的奥秘就是让学生觉醒，推掉压在生命上自卑的巨石，让学生的潜能爆发。

"赏识"，有助于学生学习成功；"抱怨"，可能会导致学生学习失败。教师对待学生要用"放大镜""反光镜"和"显微镜"："放大镜"，可发掘学生的闪光点；"反光镜"，可摘掉学生的缺点；"显微镜"，可彰显学生的个性。教师把学生看作天使，其便生活在天堂里；把学生看作魔鬼，其便生活在地狱中。

幼儿时期正是一个人的人格及个性形成的关键时期。幼儿良好行为及习惯的培养是在日常生活中逐渐形成的，这就需要教师在幼儿教育过程中循序渐进地耐心培养。对于幼儿教育，无论是家长还是幼儿教师，都不应操之过急，而是要针对孩子的个性特点进行科学合理的引导教育和鼓励教育。幼儿时期的心理特点表现为心理状态的不稳定，心理脆弱，经不起挫折，特别渴望得到老师、家长和同伴的表扬及认同。因此，家长或幼儿教师要有耐心，要鼓励孩子，在实践中积极塑造孩子自信、勇敢、坚强等特质。

五、生活教育

杜威的"教育即生活"包含两层含义：教育要为现在的生活做准备；关注教育与现实生活相结合的同时并不否认教育要为将来的生活做

① 崔学鸿．赏识教育初论[M]．合肥：安徽大学出版社，2003：4.

准备。

陶行知汲取中国传统文化和杜威教育思想的理论精华,用“捧着一颗心来,不带半根草去”的精神,扎根在“民族土壤”的实践基础上,形成了“生活即教育,社会即学校,教学做合一”的生活教育思想。陶行知先生认为:生活教育是生活所原有,生活所自营,生活所必需的教育;生活教育是以生活为中心的教育,是随生活变化而变化的教育;从生活与教育的关系上说,是生活决定教育;从效力上说,教育要通过生活才能发出力量而成为真正的教育。

幼儿的学习以直接经验为基础,在游戏和日常生活中进行。幼儿教学是孩子接受的启蒙教学,对幼儿一生都有重要的影响。幼儿的启蒙教育不仅仅是在教学中,还要深入生活的点点滴滴,需要将幼儿教学与生活结合起来。

生活教育需要教师在研究幼儿理解知识的可能水平的基础上,选取生活中有意义的事件,组织幼儿进行经验活动,开展师生之间、幼儿之间的经验交流,让幼儿通过提升经验、掌握和理解知识、展现行为,从而生成有意义、生成主体性的活动。幼儿生活教育并不是把教学活动还原为日常的生活活动,而是强调要以生活的态度和精神看待教学,以生活的态度和精神对待教学过程,并在教学过程中以生活的态度和精神实现双方心灵的相遇和沟通。

六、目标导向教育

目标导向教育(Outcomes-based Education,简称“OBE教育”),又称产出导向教育,倡导“以学生为本”,是一种以学生最终学习成果为导向的教育理念,强调在人才培养中首先要确定学生最终应具备的能力与素质,强调教学的计划要明确反映对毕业要求的支撑。目标导向教育要求课程设计与实施的所有元素都要围绕学生最终的学习成果展开。

目标导向教育强调5个核心问题:我们想让学生取得的学习成果

是什么？为什么要让学生取得这样的学习成果？如何有效地帮助学生取得这些学习成果？如何知道学生已经取得了这些学习成果？如何保障学生能够取得这些学习成果？

七、蒙氏教育

蒙氏教育(即蒙台梭利教育)的核心思想是希望儿童在“有准备的环境中”,通过自由操作教具,锻炼幼儿手部精细动作和大肌肉动作,为幼儿更好地适应未来生活积累最直接的经验。蒙氏教育内容涵盖的领域较广,认为要做健全人格的人,仅有广博的知识是不够的,还要通过自发性地学习,学会正确处理生活事务,正确认识自己和他人,懂得如何适应社会。

蒙氏教育的特点是:以儿童为主;注重完全人格的培养;顺应儿童自然成长的规律;提供充分的教具;不“教”的教育;把握敏感期的学习;教师居于协助启导的地位。蒙氏教育强调以儿童为中心,专门为孩子打造一个可以让其“独立自主”的“儿童世界”,通过学习动作、感觉、语言、技能和道德发展等,使儿童形成身心统一、品行自律、心智平衡的独立人格。

八、自然教育

自然教育是人们认识自然、了解自然、理解自然的有效方式,也是推动全社会形成尊重自然、顺应自然、保护自然的价值观和行为方式的有效途径。文化和自然,是儿童生活环境的两大层面,都为儿童的成长提供了丰富的“营养”。

夸美纽斯认为,人作为自然的一部分,其教育应该遵循自然的“秩序”;卢梭在《爱弥儿》中提出,教育的目的在于使人成为自然人,并号召儿童教育回归自然、认识自然、感受自然;裴斯泰洛齐认为,教育要把人身上的自然潜在的能力激发出来;第斯多惠认为,自然适应性是教育的最高原则；福禄贝尔强调，幼儿教育必须基于自然的法则，老师应该像呵护花儿成长一样去保护儿童本性的自然展开；杜威提出了“教育生长论”，认为教育应该促进儿童本能地生长；理查德·洛夫提出儿童“自然缺失症”的概念，进一步指明自然与儿童深层的精神契合、自然滋养儿童的灵性等观念，引起了广泛关注[①]。

① 林昆仑，雍怡.自然教育的起源、概念与实践[J].世界林业研究，2022(2)：8-14.

第二章　动商理论概述

“动商”概念一经提出，便引起学术界的强烈反应，相关部门给以关注。本章从“动商”的提出、内容、作用、因素、评价等方面展开阐述。

第一节　动商的概念与演变

一、动商的概念

南京理工大学王宗平教授，在法国人1905年提出的“智商”和美国人1990年提出的“情商”的启发下，结合自己多年的体育教学实践及研究，以完备人类对自身基本智能的认识、表征和提升为出发点，以帮助人们重新认识运动的积极作用为目的，于2012年5月14日在《中国体育报》上首次正式提及动商。他认为动商与智商、情商构成人类发展的三个重要支点，三者之间相互联系，不可分割。

王宗平教授从狭义和广义两个维度对动商概念进行了界定。狭义动商是指个体的运动商数，是个体克服自身进行运动的能力，是人挖掘、发挥运动天赋和潜能的能力。狭义动商的内容主要包括运动素质、运动心理、身体机能、运动潜能等。广义动商是涵盖了一切通过人的身体或身体某一部分活动所表现出来的人的自然属性和社会属性。广义动商的内容包含了生命活动、生产劳动、身体运动的特质和能力。广义动商可以作为人类认识、开发和表征个体特质的重要指标。

目前，学术界中大多数学者在对动商进行研究时都采用或遵循了王宗平教授的上述定义。但也有学者发现，当前对动商概念的界定存在不清晰、不明确的问题。国内学者对动商的定义主要集中在运动智力和运动能力两个方面。运动智力主要基于心理学的相关研究，是人们在使用运动技能时所呈现的心理条件和特征。运动能力是指人完成某项活动或训练所具备的能力，是人的身体形态、素质、机能、技能和心理能力等因素的综合表现。运动能力本质上也是基于心理学的相关研究成果，且更符合中国文化强调能力的特征。这两个概念都直指动商的内涵要义，但又不够全面，因为动商涉及身体素质、态度、情感、能力等多种因素①。

各家研究结果也有共同性："动商"是运动商数的简称，反映的是个体的综合运动能力水平，包括运动素质、运动心理和身体机能等。"动商"的核心理念是"动育结合、以动育人"。换言之，动商即个体运动能力、运动技能和运动倾向得分总和在其对应性别和年龄群组中的位置。

二、动商研究的演变

国际上，动商概念的发展都是建立在智商与运动发育商的基础上不断修订而成的。通过对个体自身运动能力和运动行为的测量，获取其所在群体中对应的位置的评分，从而判断个体的动商指数。

在国内，梳理可以检索到的文献，关于动商的研究，主要如下：

2012年3月6日，王宗平教授在微博里首次使用"动商"一词，并且大胆假设：人的成功=50%情商+30%智商+20%动商。

2012年5月14日，《中国体育报》第5版刊登《关注动商，提高学生运动潜能》一文，"动商"第一次公开面世。

2013年4月23日，世界上第一个动商研究中心在南京理工大学成立。

2013年6月26日，卢元镇教授开始提及动商。

2014年7月，关于"动商"的第一篇论文《动商——人类全面发展的重要支脚》在《体育学刊》发表。

2014年8月，《动商——献给2014南京青奥会的一份特殊礼物》在《南京体育学院学报》(社会科学版)刊发。

① 王标，李蓓蓓．动商理论及其对小学教育的启示[J]．新教育，2022(7)：63–65.

2014年10月10日，《中国体育报》刊载《动商怎样驱动体育》一文。

2014年12月，《南京青奥会的冷思考》在《南京体育学院学报》(社会科学版)发表。

2014年12月15日，《南京理工大学学报》(社会科学版)开设“动商研究”专栏。

2015年2月6日，《用“动商”认识体育内涵》一文在国家体育总局网站刊发。

2015年11月，首个动商培训基地落户镇江市体育局的体育馆。

2016年1月9日，“首届亚太动商论坛”在南京开幕。

2017年，王宗平教授的《“动商”的儒家理论意蕴》一文在《南京理工大学学报》(社会科学版)发表。

2018年，王宗平教授的《动商课程价值询证与实践重构》《动商纳入思想政治教育体系的重要性与实施路径》先后在《南京理工大学学报》(社会科学版)发表。

2019年，张红兵、王宗平所撰写的《动商(7—12岁)量表的编制》在“第十一届全国体育科学大会”交流；丁家红所撰写的《动商从幼儿基本动作开始》入选“国家教师科研专项基金科研成果2019(八)”。

2020年11月，“动商研究中心”更名为“动商研究院”。武鹏举、宋乃庆、常金栋、罗琳所撰写的《学前儿童动商：内涵、价值与开发路径》在《中国教育学刊》发表。孙英俊、干群、王利平等所撰写的《幼儿动商教育研究综述》《探析幼儿动商教育的意义、内容及措施》在《教育观察》发表。孙英俊所著的《全科：幼儿动商教育研究》由吉林人民出版社出版。至此，有关幼儿动商研究进入高峰期。

2021年，姚辉波、白胜超所撰写的《动商与气质类型关系之研究》，张红兵、王宗平所撰写的《动商(7—12岁)量表的编制——基于江浙沪鲁试验数据分析》在《南京理工大学学报》(社会科学版)发表。朱钦云、蔡涵、郑淞、王宗平所撰写的《3—6岁儿童动商发展现状及影响因素分析——以贵州省为例》在《青少年体育》发表。关于幼儿动商的研究进一步深入。

综上所述,从动商概念的提出,到各教育领域动商研究成果的相继发表,我们看到了动商研究强大的生命力。

第二节　动商的内容与特征

一、动商的内容

动商包括运动素质、运动心理、身体机能三项基本内容。

运动素质是指人体肌肉收缩力量的大小、动作完成的频率、身体位移距离的耗时、保持肌肉持续工作时间的长短，以及各肌群之间的协调配合，是人们运动生活的基础。

运动心理主要由三个不同层面构成：一是认知能力，通常指个人对于体育运动的态度、生活方式；二是协调能力，由理解运动、判断运动过程、主观形象和对客观存在运动的反应组成；三是运动的兴趣，即克服各种困难的体育锻炼，通常表现出个体的自信心和注意力。

身体机能指的是在遗传、环境、生物节律下个体所表现出来的健康状况和对不同环境的适应能力、应变能力以及耐受力等。

另外，还有人提出“动商点”的概念。“动商点”就是人们在运动中表现出来的具体的克服自身和外界环境的心理活动以及身体各器官的活动。①

二、动商的特征

1. 诊断性

动商具有诊断性。对动商测量体系的研究，已经初见成果。如：通

---

① 参见：李云霄，雷萌.学生核心动商培养路径及内容分析[J].四川体育科学，2017(6).：47-49.

过动商测试量表对学生进行测试，一方面可以了解学校的教育目标是否达成，另一方面有助于了解学生的动商水平以及存在的问题，分析造成学生动商水平低的原因，从而有针对性地解决学生在运动能力方面存在的各种问题。

2. 检验性

动商具有检验性。如：教师的教学水平和教学效果如何，学生是否掌握了必备的运用能力，都可以通过动商量表测试进行检验。动商量表测试的结果可以作为学生运动能力的证据，同时，可以作为教育行政部门评价教师工作质量的重要依据。

3. 评价性

动商具有评价性。

第一，动商和智商、情商一样是可以通过量表进行测量，而且目前已经针对动商测量体系进行了研究并取得了一定的成果。对动商进行测评，很重要的一点，就是对学生的综合运动水平进行评价，通过测试，使每个学生知道自身存在的问题。

第二，动商的评价性表现在对学生群体的整体评价上。现阶段我国对学生运动水平评价的手段主要是学生体质检测，手段单一，而“动商”的提出有助于我国对学生运动能力的综合评价，丰富了评价手段。

4. 反馈性

动商具有反馈性。有关专家动商量表的测试，可以作为评价学生运动能力水平的标准，也可以为学生认识自身运动能力提供反馈信息。对于教师而言，可以帮助其及时获得学生运动能力各个方面的详细信息，并在此基础上进行调整、改进。对于学生而言，运动能力强的可以进一步激发运动的积极性，提高学习的兴趣，运动能力差的可以看到自己与他人的差距，以便及时改进。

5. 调节性

动商具有调节性。动商的调节性是指在了解自身动商水平的基础上,利用一些方法与手段提升自身动商水平的功能。从动商理论提出的初衷来看,它最终是为了实现如何针对自身的动商水平来达到提高自身运动能力的目的。

第三节　动商的作用与价值

动商的提出与研究的最终目的是，引导人们依据人类动作发展的客观规律掌握和发展自身的动作技能，达到建立终身体育意识、充分挖掘个人潜能、提高自我效能感，使之具备终身体育能力、促进身心健康的目的。归根结底，就是培养人的主动锻炼意识和终生锻炼习惯，挖掘运动兴趣和运动潜能，真正促进人的全面发展[①]。

一、动商与智商、情商共促健全人格

1.动商与智商

智商(IQ)是智力商数的简称，是人在其年龄段的智力发展水平。智商是人们认识客观事物并运用知识解决实际问题的能力。智商表现在多个方面，如观察力、记忆力、想象力、分析判断能力、思维能力、应变能力、推理能力等。

有人提出，一个人智力发展最迅速的时期是在6岁之前的这个阶段。在这个时期经常运动，有助于智力发展，即动商有助于智商开发。

英国青少年体育基金会的一项研究成果表明，不参加运动的学生学习容易遇到"瓶颈"，这就是说，如果不开发身体机能，智力发展容易产生"天花板效应"。体育活动常常涉及选择、计划和解决问题等思维活动，因此可以说"运动促进大脑的发展"，动商促进智商的培养。

体育锻炼能增强体质，增进身心健康，同时是促进智力发展的重要手段。体育锻炼对智力的影响主要从提升感知能力、注意能力、观察能

① 王宗平，张怡．动商——人类全面发展的重要支脚[J].体育学刊，2014(4)：13-16.

力、记忆能力、想象能力、思维能力和改善大脑功能等来表现。

相关研究结果显示：快步走作为一项有效的心肺练习，与普通的行走相比较，心率至少提高13%，大脑获氧量至少增加5%。每周3次普通步行，每次30分钟以上，大脑的学习能力、注意力和抽象推理能力可提高15%。

另有研究显示，舞蹈有助于左脑开发，搏击运动能增强观察和判断能力，瑜伽能让人舒放心情而提高身体控制能力，定向越野则能锻炼参加者的判断力和学习能力。

2. 动商与情商

情商(EQ)，又称情绪智力，是人在情绪、情感、意志、耐受挫折等方面的品质，主要表征是个体感受、理解、运用、表达、控制和调节情感的能力。

运动中的合作有助于团队精神的培养，而团队精神是人的情商的一种表现，因而，动商有利于培养人的情商。

集体球类运动需要球员之间相互配合。一个球员的价值，不仅体现在自身球技上，更体现在团队的默契合作上。任何一支球队，固然有技艺超群的高手，但再强的个人能力，都抵不过团队的力量，这是每一个队员的感悟，这也是动商对情商培养的贡献。

动商对情商的促进，还体现在运动对改善情绪的积极作用上。运动是缓解压力、改善情绪的有效手段。当人情绪低落时，最好的方法是出去跑步，或去健身房运动30分钟。如能长期坚持，有助于改善抑郁症。运动时，能分散注意力、忘掉不快。

综上所述，动商与智商、情商互相渗透、互为影响。动商高的个体，情商和智商不会低；但情商和智商高的个体，动商不一定高。动商、情商和智商都可以由后天习得，动商是三个“商”中可调控性最强的一个。

从人的本能来说，动商在这三个“商”中的基础性作用更加明显。动商是先于智商和情商发展的，胎儿在娘胎里就开始“拳打脚踢”了；动商始于运动又超越运动，可以助推智商、情商的发展。优先培养动商，打好身体基础，可以成为智商、情商发展的保障。

二、动商有助于发掘体育的教育功能

体育不仅仅是包含以竞技体育为内容的精英体育，更代表着一种积极健康的现代生活理念。当前，体育在一些人眼里就是体育比赛，体育事业就是运动员的事业，体育被片面地理解为竞技体育。加之体育与教育有时候被割裂开，人们对体育产生了偏见，甚至开始排斥体育，体育的教育功能被忽视。我国对青少年素质的基本定位是“德、智、体、美、劳”，体育要在青少年的成长、人格形成中起到应有的作用。

体教结合正成为社会关注的焦点。要弥合体育与教育的裂隙，除了需要得当的政策措施外，还需要能够融合体育与教育的新思想、新理念。动商的提出，并将其与智商、情商并列为塑造健全人格的三个基本素质，目的在于重新为体育正名，纠正人们对体育的偏见，重新发掘体育的教育功能，让体育重回校园。因而，动商能够成为新时期体育发展的新理念，有助于体育的教育功能的发挥。

三、动商有助于形成全民健身原动力

2021年，国务院印发了《全民健身计划（2021—2025年）》，有效推动了“全民健身”国家战略。该计划提出广泛开展全民健身赛事活动，推进全民健身融合发展，提升科学健身指导服务水平，促进重点人群健身活动开展等任务。一个战略的实现需要一系列成功战术的配合。加大体育健身设施的建设固然重要，但增强人们体育锻炼的意识、培养正确的锻炼习惯，即解决全民健身的原动力问题更为关键。增加经常参加体育锻炼的人数，鼓励国人参加体育锻炼，还需要从潜意识里改变人们对体育的偏见。动商，正是改变人们对体育的偏见、增强体育锻炼意识、培养体育锻炼习惯的新理念。可以说，在此背景下，动商研究不仅迎来新机遇,还有助力于全民健身计划的落实。

四、动商有助于促进竞技体育的转型

教育脱离体育,无法培养人格健全的学生;竞技体育离开教育,运动员就可能成为金牌制造机器。“举国体制”让我国竞技体育从基础差、底子薄跃升至世界前列。随着社会主义市场经济改革的不断深入,“举国体制”赖以生存的社会环境发生了巨大变化,原有的“举国体制”管理模式及运行机制越来越难以适应当前我国社会经济的发展以及竞技体育自身孕育的改革需求。

对一座城市甚至一个国家来说,花巨资举办一届大型体育盛会,不仅仅是向世界展示容貌、表达好客,更希望通过体育盛会获得发展所需要的精神、理念,也就是精神遗产。近年来,青奥会淡化奖牌,不设奖牌榜,让参与、享受体育的乐趣回归比赛、回归生活。动商的理念与青奥会的宗旨、精神不谋而合。因此,动商有助于促进竞技体育的转型。

第四节 影响动商的因素

动商所呈现的是参与运动的综合能力。动商由多个因素构成,这些因素会反作用于动商,对动商造成影响。

一、遗传因素

生物学理论认为,不同个体的发育受其父母基因的影响,在运动能力的天赋和潜能上存在显著差异。运动能力指反映在人体运动方面的各种特定性状,它包括人体各器官的生理机能状态、各种身体素质以及与运动技能掌握有直接联系的身体形态和个性特征等。一个人运动能力的高低直接关系到他(她)掌握运动技术的速度和可能达到的最高的竞技水平。人体的运动能力是由遗传因素和环境因素等共同作用的结果,遗传度的高低常常制约着训练提高的空间。

二、运动训练

个体动商水平和潜能的影响是相对固定的,在此基础上,能够改变和发展的就是后天的环境因素和教育因素等。因此,运用合理的、长期的运动训练,对个体进行刺激行为,可实现动商后期的发展。例如,通过身体素质训练,增强的力量可以使运动员跑得更快,耐力增强,同时减少疲劳和受伤。

三、运动营养

运动营养是保障个体身体机能正常运转及身体健康的重要因素。

合理的运动营养摄入，可以在原有的基础上提高个人的身体素质。运动营养摄入过多，容易导致营养过剩、能量过剩，严重影响机体的新陈代谢，同时，很难保持良好的形态，这将影响身体的发展，对动商的发展产生负面影响。运动营养摄入过少，则会导致营养不良、能量不足，进而出现个体生长发育较慢。没有充足的能量保障，则使得机体各部分发育动力不足，最终导致机体发育形态低于理论形态，同样会对动商的发展产生消极影响。因此，除了平时要采用科学的训练和恢复措施外，还需要注重合理的运动营养摄入，从而让身体机能随时保持在一个平衡的状态中。

四、家庭环境

环境因素是个体社会化的开端，包括社会环境和家庭环境。以家庭环境为例，家庭种族习俗、宗教信仰、生活方式、价值观念、运动习惯等都会对个体身体发育、心理发展、行为方式等产生诸多影响，从而使个体在原生家庭的不同影响下朝着不同的方向发展，形成不同的人格品质和运动习惯。尤其是当前“全民健身”和“运动为医”的生活观念深入人心，每个家庭及其成员都会受到潜移默化的影响。

五、认知水平

个体对动商认识的水平存有差异，不同个体的动商发展会不同。对动商认知水平较低的个体，对动商不会过多关注，即使其原有动商较高，也会随着时间的流逝而逐渐衰退。因此，提高个体对动商认知的水平，不断探索提高动商水平的方法，可以在一定程度上对个体的动商形成积极的影响。

第五节 动商的评价与测量

动商评价与测量的核心是鉴定个体在群体中的位置,另外也可用于区分个体运动差异,鉴别运动障碍。动商是一个相对值,会随着不同运动策略的改变而发生变化。

一、评价指标

经过众多学者大量的研究发现,动商本质上作为一个商数,基于其内涵和数学体系,应当也必须构建一个量化体系,将其能够通过一个具体的数字或数学手段表现出来,并且不同因素之间应当能够进行最基本的合并、比较、评价等,以挖掘其内在潜能、实现其实践价值。

动商评价指标主要包括运动素质、运动心理、身体机能等,主旨是考量锻炼意识、锻炼习惯、运动兴趣、运动潜能等①。

也有人建议,动商测评标准体系构建需要参照国家体育锻炼标准,学生动商测评标准体系则需参照国家学生体质健康标准来构建,主要包括身体匀称性、耐力、力量、协调性、灵敏性、柔韧性、速度等②。

二、评价测量

在构建5—6岁儿童动商测评体系中,动商计算采用了三个方面的综合评价方法,包括运动心理、运动素质、身体机能,公式如下:

---

① 张红兵,李海燕,崔成均,等.动商测试量表、动商公式和评价标准构建——以5—6岁儿童动商测评体系研究为例[J].武汉体育学院学报,2016(2):69-74.

② 魏力,范嘉捷,李建良.动商测定系统指标体系的构建方法[M].北京:海潮出版社,2015:109-113.

$$MQ=100+15Z, Z=(X-x)/S$$

其中：均值选取100；标准差用15；Z为标准分；X为原始分；x为平均分；S为群体分标准差。

个体在群体中运动水平的相对高低或相对位置，作为表征参量构建动商的测评体系，具体设计如下：

以反应速度能力素质的100 m跑为例，开展测试。假定某一个体A是总人数为N的受试群体中的一员，测试后得到A关于这个项目的具体成绩X，以及该成绩在此受试群体N中的具体排名。

在上述所提到的假定项目100m跑测试中，可认为最终排名为：

$$1, 2, 3, \cdots, X, \cdots, N$$

其中，X为个体A在该项测试中的具体成绩对应的排名。

根据数学逻辑进行推演可知，个体A的成绩在该群体中的相对排名或相对位置可表述为：

$$MQ_A=[N-(X-1)]/N \times 100\%$$

其中，MQ_A百米为个体A的速度能力商数。

假定所描述的某受试个体在反映不同运动素质的多个运动中接受测试，则依同样的方法计算，可得知个体A在每一项测试中的能力商数，分别记为：

$$MQ_{A1}, MQ_{A2}, \cdots, MQ_{An}$$

则可得到：

$$MQ_A=(MQ_{A1}+MQ_{A2}+\cdots+MQ_{An})/n$$

其中：MQ_A为个体A的综合运动能力商数，即个体A的狭义动商；n为受试项目的个数。

依上述构建的动商测评体系，若想得到5项测试指标的赋值商数：

MQ_{A1}，MQ_{A2}，MQ_{A3}，MQ_{A4}，MQ_{A5}，需将本动商测评标准体系构建思路与国家标准相结合，对不同测试成绩段所对应的不同评价等级进行划分，从优秀到不及格阶段分别在1.0—0.1区间内进行动商（MQ）赋值。MQ_A即个体A的综合运动能力商数，即个体A的狭义动商，表述如下：

$$MQ_A=(MQ_{A1}+MQ_{A2}+MQ_{A3}+MQ_{A4}+MQ_{A5})/5$$

第三章　幼儿动商教育理论

幼儿动商研究属于一个新的领域，其实践研究成果不多，理论研究成果更少。本部分围绕幼儿动商教育的内容、能力、载体以及建议加以阐述。

第一节　幼儿动商教育的内容

动商的功能主要是考察个体“运动”的能力。幼儿动商教育的内容与幼儿对身体的认知、对运动的感知、形成的自我概念以及幼儿形成的运动能力密切相关。

一、身体认知

在常规幼儿体育活动中，幼儿教育工作者往往聚焦幼儿动作的协调性以及身体素质是否得到增强，而没有针对性地引导幼儿构建科学的身体概念。在幼儿身体成长过程中，身体概念是幼儿发展必须具备的重要内容，该认知内容也是动商培养中的主要部分，其内容涵盖对身体结构的初步认识和对自身运动能力的有效评价。

在蒙台梭利看来，幼儿行为是具有目的性的，因此必须给予幼儿充分的自主选择权，并且鼓励幼儿积极探索外部世界。幼儿在探索身体奥妙以及外部世界的过程中往往会积累相关的经验。对幼儿而言，其对身体的了解主要集中在头部以及四肢的屈伸和摆动上。美国心理学家埃尔斯认为，个体处于运动状态时，接收信息主要来自身体内部，而非外部环境，并将其视为本体感受器。本体感觉能够对身体姿态和心理活动进行调节，并且能够对器官的位置进行确认，个体能够利用本体感受器搜集身体内部发出的信号，结合本体感知构建相应的身体图式。在这一背景下，幼儿能够更加深入地了解自己的身体状况和身体极限，逐渐丰富对身体的整体认知。一旦获得相应的运动指令，身体概念就会在动作示范中逐渐得到完善。

以“轧路机”游戏活动为例，游戏中幼儿会将身体视为轧路机，在海绵垫子上进行运动。此时，幼儿会结合生活经验，模仿真实的轧路机做相应的动作。教师随即提出在现实生活中轧路机是怎样实现直线运动的问题，在疑问的驱动下，幼儿开始尝试调整手和脚的姿态，尽力保持直线前进。实践证明，通过类似的游戏活动，可以让幼儿清晰地认识到身体概念，还能对周围环境展开评价与分析，并有效地增强幼儿体育活动育人的效果。

二、运动感知

在幼儿与外部环境展开互动与交流的过程中，感官在其中扮演着重要的角色。幼儿利用感官能够更加全面地感知外部世界，从而将外部世界更加生动地刻画在自己的内心世界当中。

教育学家夸美纽斯曾指出，知识产生的根源是感觉和知觉的生成与传导。在运动状态下，幼儿会出现多样化的动作，如走、跑、钻、爬等，无论何种形式的运动行为都属于感知体验。

以平衡游戏为例，在游戏过程中身体感官会向幼儿传递相关信息，如肌肉绷紧度情况以及手臂姿态等。身体部位出现相关行为或者动作时，会立即借助感官将行为传至大脑中心，形成刺激反应，并由此判断运动的具体形式和内容。

研究表明，幼儿对身体部分的了解越深入，认知能力发展越显著。对于幼儿而言，身体是感知动作的主要场所。在面临具体行为刺激时，个体还会引发相应的感觉反馈，如寒冷、疼痛等。当行为与感知确认时，个体会建立对周围环境的新认知。谈及“幼儿体育”，用“体育”两个字，会让人误解为“大人体育”的“缩小版”，其实有另外一层含义：不能用成人的眼光来看待，成人会认为就是一个简单的游戏活动，而应该用运动游戏的概念来替代，幼儿会认为不是一个简单的游戏活动。如果我们教的游戏运动，幼儿根本理解不了，这就已经不属于幼儿体育的范畴。

幼儿体育三个重要的领域就是游戏、运动、教育。如果我们不用游戏来吸引孩子，就会延伸成为训练；如果教师只注重孩子的游戏，就会忽略了教育的价值，这样的教学会让孩子和教师无所适从。孩子的游戏不是为所欲为的，其中重要的环节就是涉及社会道德规范的培养。

举个例子：为什么孩子在玩游戏的时候会打人？其实，孩子不是为了打人而打人的，而是在游戏当中融入了某个情境或者角色，孩子才会有打人的动作。我们在游戏过程中，不能给几根棒子就让孩子们互相打，这不是幼儿体育；一定是让孩子扮演了某角色，进入某情境中，然后才可以有追打的动作，而且这种追打并非真正追打。

游戏的最终作用一定是教育，既然是教育，是孩子透过游戏过程来学习，让孩子对自身动作有所了解，就要先让孩子了解自己的身体，才可以操纵器材。游戏很重要的是对身体动作的学习和对器械的熟练操控，然后，在游戏过程中，通过合作来发展孩子的社会性。就这样，游戏成为一个媒介，吸引孩子的参与，用运动的方式来达到教育的目的。

有组织的幼儿运动是很关键的，这也是幼儿体育受到重视的学理性原因。为什么幼儿体育在早期是没有的？因为早期幼儿的身体运动量是足够的。早期的时候，幼儿体育的活动就是追、逐、跑、跳、投，简单地说，这就是动作能力。幼儿体育为什么会发展成为一门课程，成为必需的一项活动？因为社会需求发生了变化。

幼儿体育的缘起是体操，现在幼儿体育的活动太少了，我们必须为孩子提供一系列的活动，就延伸出很多教材及其教学方法，进而延伸出幼儿的游泳等多种运动方式。实际上，无论怎么办，幼儿运动（游戏）能够逐步发展起来，可以让孩子享受到更多的快乐，而且经过教师引导后，孩子的动作能力会更强。但幼儿体育起步时期，教师也就是带着孩子玩游戏，这是早期的做法。现在的做法，不但让孩子玩游戏，而且激发孩子的思维，就是想象力的培养。

三、自我概念

在身体认知和运动感知产生的过程中，思维起基础性的作用，常规意义上的思维往往会伴随复杂的认知活动。幼儿思维通常会借助自身的尝试或者体验才能形成，因此这是认知拓展的必要环节，同时也体现了能力预测的内容，这是幼儿动商的重要表现。

以幼儿跳跃的动作为例，为了完成从高到低的跳跃动作，需要全面思考场地的实际情况。幼儿会判断高度以及坡面是否平整，是否具备跳跃的条件，随后结合实际情况进行试跳。当全部动作完成后，幼儿还会对实际状况展开分析，起跳前内心极为恐惧，然而在平稳落地后未出现任何不适状况，此时幼儿会对自身运动能力产生期待。对自我感觉进行抽象描述，就是形成自我概念的过程。幼儿在探索身体结构以及外部世界时，会逐渐形成自我概念，并将自身特征与之匹配，实现对自身的评估。

四、运动能力

德国教育学家雷娜特·齐默认为，幼儿价值标准的形成与其父母及其同龄人具有紧密的联系，因为幼儿会对他人的价值判断进行总结与分析，通过不断地调整和优化，形成具有个性化的价值判断标准。对于教师而言，积极地回应会让幼儿构建完整的自我概念。幼儿在探索外部世界的过程中，会利用自我判断来分析与评价自己，可以通过运动表现来评估自身的运动能力。自己给他人留下的印象是影响自我评价的重要因素，幼儿在学习和娱乐的过程中，会将自身与其他幼儿进行对比，在形成一定的自我概念后，会对比他人对自己的评价。这说明幼儿会更加在意别人对自己的评价，这样才能更加准确地描述自己的身体能力。

游戏以及运动是幼儿成长的重要因素，同时是幼儿喜爱的项目，在游戏和运动中获得他人的肯定会明显增强幼儿的自我感知能力，为自身身心健康发展创造有利的条件。诸多实验结论表明，利用体育活动能够增强幼儿的活动专注度，规避不良意识和行为的出现，还能让幼儿保持乐观开朗的心态，并且有助于形成良好的生活习惯和人际关系。通过体育活动可以使幼儿更快地学会运用自己的身体，学会感知周围的世界和如何与他人沟通、协作与竞争。

幼儿的发育由于遗传和生活环境的不同而呈现出个体差异性，但是其运动能力仍然有规律可循。

幼儿首先运用的是大肌肉群和大骨骼，也就是会先学习一些大动作，如直立、走、跑等；然后发育的是小肌肉群和小骨骼，做一些精细动作，如使用汤勺、筷子等。也就是说，幼儿的运动能力主要表现为对肌肉的控制力、身体的平衡力及运动的协调性等。

2岁以后的幼儿，其运动能力进一步发展，活动范围明显扩大，但是幼儿体力仍然较弱，独立活动能力较差，缺乏运动经验，反应能力有待提高，且缺少知识经验，情绪高涨时容易忽视安全和规则。因此，监护人必须采取必要的安全措施，防止发生意外伤害事故。监护人要从生活上细心照料与保护幼儿，培养幼儿的安全意识。

3—4岁的幼儿，不但可以很好地走和跑，而且可以用脚尖走路，单脚站立，爬楼梯可单脚进行。

4—5岁的幼儿，可以双脚跳跃、攀爬、单脚跳跃和快跑，喜欢追逐打闹的游戏及球类游戏。

5—6岁的幼儿，其动作技能更为成熟，可以学会跳绳、做健美操、走平衡木。

幼儿期的身体练习，可以促进幼儿掌握运动技能，增强对自己身体的控制，而且可以使幼儿体验到自己的力量和技巧，增强自信心与自主感。幼儿可以为一些小事而感到兴奋和自豪，如跨过一个小水洼、爬上一个小山坡等。[①]

① 张福华.幼儿体育游戏本质及实践路径研究[J].体育视野，2020(2)：34-36.

第二节 幼儿动商教育的能力

一、教材处理能力

幼儿动商教育要根据教材内容进行,这就要求教师能认真研读教材,处理好课内和课外的关系。虽然教材上的相关户外体育运动设计带有普遍性,但实践效果如何还需要等待验证。教师要面对不同年龄段的幼儿,教材内容未必能够实现全覆盖。这就需要教师能够科学处理好教材的文本内容,让课内、课外实现有机结合,做好教学方案的预设,为顺利实施动商教育活动做好铺垫。

二、教学设计能力

教学设计包括的内容比较多,如准备活动、游戏活动以及评价活动等。幼儿动商教育活动多以游戏形式出现,不同年龄段幼儿身体素质存在差异,即使同一年龄的孩子也有个体差异和性别差异,这些客观因素都需要引起游戏设计者的高度关注。游戏涉及力量、耐力、速度和灵敏性,只有全面衡量幼儿发育水平、运动水平、智力水平,才能制定游戏操作规程。这就要求设计者能够从不同角度入手,找到创编幼儿动商教育游戏的要领,全面落实游戏创意。如:如何根据幼儿身心特点进行准备操的内容设计,这反映的是幼儿教师的设计能力。

三、教学组织能力

幼儿动商教育活动的正常开展,需要幼儿教师有一定的教学组织能力。教学组织能力一般包括讲解能力、示范能力、指挥能力、分析纠偏能力、评价能力等。在实施幼儿游戏时，要给幼儿讲清游戏规则和技术要领，要给幼儿做示范，让幼儿来模仿，还要用清晰的口令指挥幼儿活动，要对幼儿在游戏过程中表现出来的问题加以纠正，最后要对幼儿游戏活动情况加以评价，有效激发幼儿参与游戏的热情。

四、教学语言能力

课堂教学艺术首先是教学语言艺术。所谓教学语言艺术，就是教师在教学过程中遵循教学规律和审美性原则，正确处理教学中的各种关系，把所教的知识正确有效地传递给学生的语言活动。幼儿动商教育活动过程中涉及语言的环节有很多，其中包括口令语言、行为语言，以及课堂提问、动作讲解。

1. 口令语言能力

在幼儿动商教育教学领域中，动作口令的优化是指执教者用最准确、简明的语言，以命令的方式，指挥与组织学生完成集体活动与练习的一种方法。实践证明，在课堂上执教者如能正确合理使用口令，则会让教学显得更加秩序井然、条理清晰、过程简捷，相反地，如果出现不合理的口令或者口令的错误就会降低教学的效率。根据口令的组成特点，一般认为影响口令效果的因素主要有响度、清晰度、流畅度，对动作口令的优化就必须对这三个因素进行锤炼。

所谓响度，就是指语音的高低。动商教育教学过程中，由于环境的变化，在口令的运用上肯定要因地制宜。在响度运用上，教师要学会根据学生的变化而调整其高低。如果声音过高，学生反而会听不清楚，且容易出现听力上的疲劳。在日常上课时，建议教师用中音区发音，这样教师省力，学生听的效果也好。但是，响度也不能过低，以免队伍后面的学生无法听到。值得注意的是，教师要克服语音的弱化、虚化和最后一个字音消失等问题。总之，在响度上要力争做到低而不虚，沉而不浊,有张有弛,自主控制。

口令的清晰度涉及预令和动令两个部分。有效的口令应该是字正腔圆,且在预令和动令之间有明显的区别。研究发现,造成口令清晰度不够的主要原因是发音器官的运动不到位。

所谓流畅度,是指口令运用过程中教师发音的流畅程度。也就是说,在教师运用口令调动队伍过程中,一个完整的口令不能分成几次发出。口令的使用必须遵循的原则是:简约、明确、没有歧义,学生有充分的反应时间。

如“向右看——齐”和“向前看——齐”两个口令的联合运用。正确做法是:基准学生不动,其余学生向右转头,眼睛看右邻同学腮部,后列人员,先向前对正,向右看齐。听到向前看的口令,迅速将头转正,恢复立正姿势。

教师要学会合理简化口令。如散开与靠拢口令,我们知道其口令内容表述是:“以××同学为基准,成体操队形——散开”与“以××同学为基准,向中看——齐”。我们发现其内容太多,如果能借助手语,将“以××同学为基准”改为指挥者用右手前上举指向基准学生(手语辅助),再下达“成体操队形——散开”或者“向中看——齐”的口令,这样会大大节约时间,而且口令简约、明确,效果会好得多。

2.行为语言能力

教师在讲台上讲课,不是在表现情节或技艺,但他总是要呈现给学生一种姿态,做许多示范性的动作。这些人体姿态、动作构成了表示意义的信息传输系统,行为科学称之为体态语。它包括面部表情、眼神、手势、身姿和其他动作,是教学中一种重要的言语辅助形式。

体态语对教育工作的意义是不难理解的。通过课堂观察可以看出,优秀课堂教学不仅得力于好的有声语言,也必然伴随着自然、得体的体态语。体态语根据动作部位不同而分为若干种类,每种体态语都有自己相对特定的一种或多种动作方式,每种方式都含有相对特定的某种或某种范围的意义。我们在这里将其分为姿态语、手势语、面部表情三大类。

以手势语为例，手势是指用来表情达意的手和胳膊的动作和造型。不同的手势造型，都能表达人们潜在的内心的各种微妙的情感。所以，在戏剧界、音乐界、影视界、舞蹈界都称“手是第二张脸”。按手势在教育教学中的功能特点，可以把手势分为情感手势、指示手势、象形手势等。优秀教师都是以大方文明、自如得体的手势来感染学生，激发学生的情绪。

3.课堂提问能力

提问是幼儿动商教育教学中常用的一种方法，通过对学生的提问，不仅能检查幼儿学习的情况，还能检查教师教学的效果。经常性地提问能促使幼儿端正学习态度，启发幼儿积极思维，培养幼儿分析问题和解决问题的能力以及语言表达能力，所以使用提问法对检查和评价学生学习成绩，全面完成教学任务，提高教学质量都有重要意义。

提问的时机应根据教学阶段和学生的实际生理、心理状态来进行。例如，在课的开始部分提问时，应从集中幼儿的注意力和提高幼儿的学习兴趣着手；在课的基本部分，幼儿常常情绪高涨，可及时提出一些和教材内容有关的问题，起到巩固作用；在幼儿处于疲劳状态时，一般只作转移性的提问。

教师要根据授课内容的不同进行不同提问方法的选择。特别是分析教材的重点、难点等时，要依据幼儿的实际水平和接受能力，巧妙设问，迅速作答，教学任务才能得以顺利完成。

对于提问的内容，教师必须做到设计准确而有效。要把握教材的系统性与连贯性，善于发现新旧内容之间的有机联系，充分利用知识和技能的迁移原理，设计问题，从而保证所提的问题起到承上启下的作用。

提问要考虑到教育作用。动商教育可以针对幼儿进行思想教育。教师要随时观察了解幼儿的思想动向，对于那些违反纪律、不积极参加练习的幼儿，教师应分析原因，因势利导，在课的不同部分提出带有针对性的问题，指定幼儿回答，适当指出错误的危害性，以达到教育的目的。

4.动作讲解能力

讲解是动商教育教学活动中利用最为频繁的基本技能之一，其主要是通过教师利用相应的语言传达动作技术以及动作要领，帮助幼儿掌握学习内容。

讲解内容，要言之有物。在讲解的过程中，对所讲解的动作技能和动作技巧要让幼儿能有所悟，不能说废话和空话。实践证明，用幼儿能听懂的话进行讲解，讲解的效果才有效。

讲解过程，要清晰有序。教师在对幼儿讲解时，要知道先讲什么，后讲什么，重点讲什么。对于某一项技术动作的要领，讲解顺序通常情况下是：先讲解下肢动作，再讲解上肢动作，最后讲解头部动作。

讲解方式，要贴近生活。教师在进行讲解的过程中，通过巧妙的比喻、适当的夸张，将生活中的话语、事件引入讲解中，使枯燥的讲解富于吸引力。

讲解音速，要因需而变。在讲解的过程中，声音时高时低地变化，吸引幼儿的注意力，最终实现讲解的有效性。有经验的教师会根据幼儿的变化而对自己的讲解声音进行变化，根据讲解内容是否新颖设计声音的大小。在讲解的速度上，注意根据幼儿的反应而随时变化。

讲解行为，要合理有效。讲解是通过语言的形式向幼儿传授动作技能，因此在直观性上不是很强；体态语恰恰能弥补这个问题，这就是讲解与示范不可分割的重要原因。如，在讲解前滚翻的动作方法的过程中，仅仅靠语言的讲解是不够的，还需要借助动作示范提高知识的直观性。不仅如此，除了动作示范这种行为语言外，还包括教师各种“眼神”与“手势”等。实践证明，在讲解的过程中有时候教师的一个细小动作就会大大提高讲解的有效性。但是值得注意的是，运用体态语时，要注意行为得体，做到大方、自然且恰到好处，不可手舞足蹈。

五、听课观察能力

“听课”，也被称为“看课”或“观课”，是认识课堂、研究课堂的重要方式，是教师实现专业成长的重要途径。掌握听课的流程和各阶段操作的要点，熟悉定量与定性的听课技术，了解听课中的问题和注意事项，是教师搞好课堂教学应具备的基本素养。

做好听课热身。听课者要听某一教师某次课内容的时候，首先，自己必须事先钻研教材，把握教材；其次，要做好物质上的准备，如带好听课笔记本、笔、秒表等；最后，听课教师应注意仪表，衣着必须整洁大方，以免影响和分散学生的注意力，妨碍上课，更不能迟到、早退或高声喧哗。

厘清听课内容。就一般听课而言，其主要的听课内容包括听课时间、听课地点；学校、年级、班级总人数；教师的性别、年龄、教龄、职称、称号、专长、特长、气质；教学内容，场地器材设计，什么场地、运用哪些器材、怎么布置；教学过程与教学方法；等等。

明确听课重点。听课重点是什么，这是每一个听课者都必须事先明确的问题。听课记录之前要明确三个方面的问题：

第一个问题是记教还是记学。听课中应重点记“学”的方面。“学”指学生的学习态度、学习质量、学习效果，这是课堂教学效果的最终体现。教师教得再好，学生学得不行，课堂教学也是不行。因此，在进行课堂观察时，我们听课者的视角要看教，更要看学。听课记录应该以记学为主，兼之观察教的情况，两者兼顾而又突出重点。

第二个问题是记内容还是记过程。听课者关注的焦点应该放在教学情境如何创设、教学过程如何推进、学生学到了什么、有无具体的进步和发展上。教学过程和教学方法是评价课堂的基本依据。

第三个问题是记教学优缺点还是记自己思考评析的问题。听课要记录教师上课中体现出的优缺点，甚至打出优、良、合格、不合格的等级，给予客观评价，但是更重要的应该是自己冷静地思考与分析。

附：幼儿园教师专业标准（试行）

维度	领域	基本要求
专业理念与师德	（一）职业理解与认识	1.贯彻党和国家教育方针政策，遵守教育法律法规。 2.理解幼儿保教工作的意义，热爱学前教育事业，具有职业理想和敬业精神。 3.认同幼儿园教师的专业性和独特性，注重自身专业发展。 4.具有良好职业道德修养，为人师表。 5.具有团队合作精神，积极开展协作与交流。
	（二）对幼儿的态度与行为	6.关爱幼儿，重视幼儿身心健康，将保护幼儿生命安全放在首位。 7.尊重幼儿人格，维护幼儿合法权益，平等对待每一个幼儿。不讽刺、挖苦、歧视幼儿，不体罚或变相体罚幼儿。 8.信任幼儿，尊重个体差异，主动了解和满足有益于幼儿身心发展的不同需求。 9.重视生活对幼儿健康成长的重要价值，积极创造条件，让幼儿拥有快乐的幼儿园生活。
	（三）幼儿保育和教育的态度与行为	10.注重保教结合，培育幼儿良好的意志品质，帮助幼儿形成良好的行为习惯。 11.注重保护幼儿的好奇心，培养幼儿的想象力，发掘幼儿的兴趣爱好。 12.重视环境和游戏对幼儿发展的独特作用，创设富有教育意义的环境氛围，将游戏作为幼儿的主要活动。 13.重视丰富幼儿多方面的直接经验，将探索、交往等实践活动作为幼儿最重要的学习方式。 14.重视自身日常态度言行对幼儿发展的重要影响与作用。 15.重视幼儿园、家庭和社区的合作，综合利用各种资源。

续表

维　度	领　域	基本要求
专业理念与师德	(四)个人修养与行为	16.富有爱心、责任心、耐心和细心。 17.乐观向上、热情开朗,有亲和力。 18.善于自我调节情绪,保持平和心态。 19.勤于学习,不断进取。 20.衣着整洁得体,语言规范健康,举止文明礼貌。
专业知识	(五)幼儿发展知识	21.了解关于幼儿生存、发展和保护的有关法律法规及政策规定。 22.掌握不同年龄幼儿身心发展特点、规律和促进幼儿全面发展的策略与方法。 23.了解幼儿在发展水平、速度与优势领域等方面的个体差异,掌握对应的策略与方法。 24.了解幼儿发展中容易出现的问题与适宜的对策。 25.了解有特殊需要幼儿的身心发展特点及教育策略与方法。
	(六)幼儿保育和教育知识	26.熟悉幼儿园教育的目标、任务、内容、要求和基本原则。 27.掌握幼儿园各领域教育的学科特点与基本知识。 28.掌握幼儿园环境创设、一日生活安排、游戏与教育活动、保育和班级管理的知识与方法。 29.熟知幼儿园的安全应急预案,掌握意外事故和危险情况下幼儿安全防护与救助的基本方法。 30.掌握观察、谈话、记录等了解幼儿的基本方法和教育心理学的基本原理和方法。 31.了解0—3岁婴幼儿保教和幼小衔接的有关知识与基本方法。
	(七)通识性知识	32.具有一定的自然科学和人文社会科学知识。 33.了解中国教育基本情况。 34.具有相应的艺术欣赏与表现知识。 35.具有一定的现代信息技术知识。

续表

维　度	领　域	基本要求
专业能力	(八)环境的创设与利用	36.建立良好的师幼关系，帮助幼儿建立良好的同伴关系，让幼儿感到温暖和愉悦。 37.建立班级秩序与规则，营造良好的班级氛围，让幼儿感受到安全、舒适。 38.创设有助于促进幼儿成长、学习、游戏的教育环境。 39.合理利用资源，为幼儿提供和制作适合的玩具和学习材料，引发和支持幼儿的主动活动。
	(九)一日生活的组织与保育	40.合理安排和组织一日生活的各个环节，将教育灵活地渗透到一日生活中。 41.科学照料幼儿日常生活，指导和协助保育员做好班级常规保育和卫生工作。 42.充分利用各种教育契机，对幼儿进行随机教育。 43.有效保护幼儿，及时处理幼儿的常见事故，危险情况优先救护幼儿。
	(十)游戏活动的支持与引导	44.提供符合幼儿兴趣需要、年龄特点和发展目标的游戏条件。 45.充分利用与合理设计游戏活动空间，提供丰富、适宜的游戏材料，支持、引发和促进幼儿的游戏。 46.鼓励幼儿自主选择游戏内容、伙伴和材料，支持幼儿主动地、创造性地开展游戏，充分体验游戏的快乐和满足。 47.引导幼儿在游戏活动中获得身体、认知、语言和社会性等多方面的发展。
	(十一)教育活动的计划与实施	48.制定阶段性的教育活动计划和具体活动方案。 49.在教育活动中观察幼儿，根据幼儿的表现和需要，调整活动，给予适宜的指导。 50.在教育活动的设计和实施中体现趣味性、综合性和生活化，灵活运用各种组织形式和适宜的教育方式。 51.提供更多的操作探索、交流合作、表达表现的机会，支持和促进幼儿主动学习。

续表

维　度	领　域	基本要求
专业能力	(十二)激励与评价	52.关注幼儿日常表现，及时发现和赏识每个幼儿的点滴进步，注重激发和保护幼儿的积极性、自信心。 53.有效运用观察、谈话、家园联系、作品分析等多种方法，客观地、全面地了解和评价幼儿。 54.有效运用评价结果，指导下一步教育活动的开展。
	(十三)沟通与合作	55.使用符合幼儿年龄特点的语言进行保教工作。 56.善于倾听，和蔼可亲，与幼儿进行有效沟通。 57.与同事合作交流，分享经验和资源，共同发展。 58.与家长进行有效沟通合作，共同促进幼儿发展。 59.协助幼儿园与社区建立合作互助的良好关系。
	(十四)反思与发展	60.主动收集分析相关信息，不断进行反思，改进保教工作。 61.针对保教工作中的现实需要与问题，进行探索和研究。 62.制定专业发展规划，不断提高自身专业素质。

第三节　幼儿动商教育的载体

幼儿动商教育的载体有很多,体育游戏是常见的载体。手球、足球以及舞蹈,随着近年来的普及与推广,成为幼儿动商教育的重要载体。下面先介绍体育游戏,然后分别介绍与幼儿相关的手球、足球以及舞蹈。

一、体育游戏

幼儿时期的孩子要不断地向外界证明自己存在,很重要的方式就是语言和运动。游戏就是一种运动。在游戏中,幼儿可以积极、乐观地做让自己享受的事情。游戏是儿童内在本质的自发表现。幼儿园教育应充分尊重幼儿作为学习主体的经验和体验,尊重他们身心发展的规律和学习特点,以游戏为基本活动,引导他们在与环境的积极相互作用中得到发展。

1. 幼儿体育游戏开展价值

游戏是幼儿机体生长发育的重要载体。"生命在于运动。"幼儿期是机体组织和器官不断发育成长的重要时期。营养和卫生为新陈代谢提供所需的物质和环境,而体育运动通过幼儿自身的活动来增强机体的新陈代谢,使骨骼肌肉长得结实,关节灵活,心肺功能增强,消化系统运行通畅,等等。实践证明,凡坚持经常参加体育运动的幼儿,食欲好,进食量大,睡眠正常,精力充沛,其身高、体重、胸围等增长迅速。幼儿在游戏中进行奔跑、跳跃等活动,还能加强中枢神经系统的支配活动。

游戏是提高幼儿机体适应能力的重要手段。体能指基本动作和身体素质(速度、耐力、力量、灵敏、平衡等)。幼儿体能的发展,如果任其自然成熟,那么只会达到一般水平,难以适应多变的自然环境和具有抵抗疾病的能力。基本动作的形成和身体素质的发展,有赖于经常开展的体育运动。坚持经常性的户外体育运动,使幼儿机体有机会接受自然条件多种变化的刺激,提高机体的调节功能和适应性,从而能很快地适应气候冷热的变化,抵抗各种病菌的侵袭,保持身体的健康。

游戏是幼儿智力有效发展的重要途径。从心理分析的角度看,幼儿智力水平主要体现在幼儿对事物的认知程度上。认知是指人们获取知识和运用知识的过程,包括感觉、知觉、记忆、思维、想象等,是智力的重要组成部分。幼儿认知能力的获得主要依靠直观感知。对于幼儿来说,游戏活动是最好的直观途径。幼儿在认识事物的过程中,主要通过感官接受直接刺激获得的信息来了解外部事物的各种特性。幼儿记忆能力的发展也离不开实际操作。因为幼儿阶段的思维形式是具体形象思维,所以在记忆的过程中要以具体形象为依据。

游戏是幼儿优良品质培养的有效方法。游戏是一种有规则的游戏,幼儿必须严格遵守规则,才能保证游戏的顺利进行,要寓教育于游戏之中。因此,游戏有利于培养幼儿关心集体、相互协作、遵守纪律的习惯,也有利于培养机智、勇敢、顽强的品质。

2.幼儿体育游戏分类介绍

幼儿体育游戏的分类标准有很多,常用的分类方法如下:

按组织形式分,幼儿体育游戏可分为集体游戏和分散游戏,全班游戏、小组游戏和个人游戏,等等。

按活动强度分,幼儿体育游戏可分为激烈的体育游戏和较缓和的体育游戏,大活动量的体育游戏、中等活动量的体育游戏和小活动量的体育游戏,等等。

按活动能力分,幼儿体育游戏可分为走的游戏、跑的游戏、跳跃的游戏、投掷的游戏、钻的游戏、爬的游戏等。

按素质目标分，幼儿体育游戏可分为力量游戏、耐力游戏、速度游戏、灵敏游戏、柔韧等。

按游戏情节有无分，幼儿体育游戏可分为情节性体育游戏和无情节性体育游戏。

按有无器械分，幼儿体育游戏可分为徒手游戏和运动器械游戏。

按不同的运动器械分，幼儿体育游戏可分为球游戏、圈游戏、绳子游戏、木棒游戏、沙包游戏、平衡板游戏、垫子上游戏等。

按游戏性质分，幼儿体育游戏可分为规则性游戏、主题性游戏、探索性游戏、表现性游戏等。

3.幼儿体育游戏设计原则

第一个原则：有德。

体育游戏活动的最终目的是培养孩子健康的体魄，注重在体育游戏活动中陶冶幼儿的情操，让幼儿在体育活动中学习基本的技能，发展基本的动作，在体育中感受与他人友好交往、与他人齐心合作的快乐，让孩子在潜移默化中得到教育。如“三人两足”的体育游戏，让幼儿自由组合，三人一组，腿互相绑在一起，同步在规定的路线上前进，集体先到达终点者为胜。这就要求孩子们互相配合、相互扶持，才能协调快速地完成。一个小游戏，不仅让幼儿轻松、愉快地学习游戏，同时也促进了同伴间的感情，培养了他们的合作精神。

体育活动中幼儿文明礼仪习惯的养成，应以适当的教材内容为契机，注重非智力因素的培养，让幼儿由“要我锻炼”转为“我要锻炼”。如在枯燥、易疲劳的各种技能训练活动中，休息时插入介绍体育常识，给他们讲我国体坛健儿的故事，介绍成功背后的艰辛，使幼儿在休息中“增知识、长见识”，领悟拼搏精神，培养孩子爱家乡、爱祖国的情感，以及为祖国争光的信心和决心。

第二个原则：有法。

注重体育活动中的智力开发，不断提高幼儿各方面的能力。组织体育活动的各种各样的体育器材，除了可以训练孩子的各种基本技能外，对孩子的智力发展也起到了良好的促进作用。在体育活动中，孩子们可以通过观察教师、模仿教师、熟悉体育基本器材，分析器材与动作之间的关系，借助体育器材想象动作的难易程度，在反复练习中不断体会、修正自己的每个动作，培养观察力、模仿力、思维想象能力等智力品质，使知识、技能以及各方面能力都得到相应的发展。

以大班的体育活动“龟兔赛跑”为例，这个活动对孩子来说充满了吸引力，活动以角色扮演的方式进行。孩子们在活动中跟着音乐做模仿动作，双手着地屈膝向前爬行，双脚并拢向前跳，等等。男孩子将袜子套在手上模仿“乌龟”，女孩子戴上头饰模仿“小白兔”。放松活动时，他们分别模仿乌龟胜利时的表情、动作，兔子失败时的垂头丧气。通过游戏，孩子不但锻炼了身体，增强了体质，而且了解了龟、兔的个性，学会了怎样编故事，还懂得了一些道理，促进了身心的全面发展。

第三个原则：有趣。

注重体育活动中的情趣教学，发展幼儿的主动性。教师只有引导幼儿主动参与活动，就是通过教师乐“教”、幼儿乐“学”，才能让幼儿在教学过程中主动学习、愉快发展。以激发兴趣为着力点，要求在体育活动的教学过程中，引导幼儿把无目的的“动”变成在体育教学过程中有规律的“动”，让幼儿在跑、跳中游戏。幼儿对新鲜事物非常好奇，他们的探索欲望非常强，当有新鲜事物出现的时候，会不停地看、摸、动、问。好奇心产生了，便有了求知的兴趣。新颖的活动器械就是最好的新鲜事物，最能激发幼儿的好奇心。

如小班“滚球”，幼儿对单调的设计总是开小差，不感兴趣，于是不采用平时让幼儿玩的那种常见的皮球，而采用色彩鲜艳并带有声响的大彩球。幼儿兴致勃勃，很容易学会滚球走、滚球跑等动作，既发展了四肢的肌肉、韧带的力量和关节的柔韧性，又提高了视觉运动能力以及动作的协调性与灵敏性。幼儿熟练掌握滚球技能后，可以提供篮球、足球等,并与塑料圈、羽毛球拍、彩瓶等多种器械配合,充分发挥幼儿的个性爱好与体育器械的多种功能。活动从易到难、由简到繁,丰富新鲜的体育活动使幼儿乐此不疲,幼儿的兴趣始终保持着。

第四个原则:有量。

运动负荷,也称运动量或生理负荷,指人做练习时所承受的生理负担量。心理负荷则指人做练习时所承受的心理负担量,一般包括认识、情绪、意志三个方面的负荷。在学前儿童体育活动组织中,只有运动负荷和心理负荷保持适宜,才能收到较好的教学效果,过小过大都不行。过小,达不到锻炼的目的;过大,超过了幼儿身心所能承受的限度,对幼儿身体的健康和教学任务的完成不利。因此,设计者要实现运动量大的练习和运动量小的练习交替安排,如强度较小的平衡、投掷与强度较大的跑、跳跃、攀登、爬、滚翻等内容组合。教师要合理安排幼儿体育活动的密度,尤其是幼儿的练习密度。确定任务时新教的知识、技能不宜太多太难,且必须富有趣味性。

影响幼儿运动负荷和心理负荷的因素有很多,但主要有以下几个方面:①运动强度,指单位时间内人在运动时的生理负荷量。②活动时间,包括幼儿连续活动的总时间和练习时间、间歇时间,其中要关注幼儿的练习密度(幼儿做练习的时间与课的总时间的比例)是否合适,是否较大地影响着幼儿的运动负荷和心理负荷。如果一节课,幼儿总是处于大强度的运动之中,那么,他们的运动量就偏大而且易产生厌烦和畏惧心理。③练习数量和练习质量。④活动特点,不同的活动项目对幼儿身体的影响也不同。

计划上的运动负荷是预设的,因此,教师需要在体育活动现场随时检查幼儿的即时状态,迅速做出有效的调节,以求运动负荷适合多数幼儿的身体实际需要。体育活动中教师检查负荷大小的方法有三种:①生理测定法,这是最为准确的检查方法,包括测定心率、血压、呼吸频率等生理生化指标。需要使用专门的设备和仪器,仅能在一些特定的教研活动中使用。②自我感觉法，这是一种比较简单、主观的检查方法，让幼儿自述或回答一些主观感受来判断生理负荷的大小，包括“累不累”“腿酸不酸”“想不想再玩”等。但“自我感觉法”存在局限性：首先，不是每个年龄段的幼儿都能表述出真实的自我感受；其次，幼儿易受外界因素的干扰，未必能客观说出自我的感受，如对感兴趣的活动，累了也说不累等。因此，虽然常常使用这种方法检查生理负荷，但实际并不准确，教师在使用时，要结合其他方法进行补充检查。③教师观察法，这是相对准确和实用的检查方法，在体育活动中教师通过对幼儿外部表现进行“五看”，即从幼儿的面部、呼吸、动作、注意力、出汗五个方面判断幼儿运动负荷的量。

当幼儿在活动中出现了轻度疲劳状况的1—2个指标时，可以要求幼儿再坚持一下；出现很疲劳状况的1—2个指标时，应该让幼儿休息一下，或者终止活动；出现中度疲劳状况的1—2个指标时，可以根据幼儿的平时身体状况和具体活动内容做灵活调整。若活动内容较难，有挑战性，立刻终止；若活动内容是幼儿熟悉的，难度和强度不大，可以适度让幼儿坚持一下。

第五个原则：有变。

户外总是充满了诱惑和刺激，意味着自由和快乐，是幼儿向往的地方。户外活动是幼儿成长中不可或缺的组成部分。科学规划、合理布局户外活动环境，是幼儿园教育环境创设的重要内容之一。但是，正如我们实际工作中所遇到的情况那样：幼儿园无法在活动器材、场地上做到经常更换，对一些坚持性较差的幼儿而言，重复的活动环境往往使他们玩到一半就放弃了，强迫这些幼儿继续活动只能使他们对体育活动感到厌倦，何来快乐呢？

要想真正充分发挥户外活动器械的积极效用，我们建议从以下几个方面着手努力：①创设新颖的游戏情景。幼儿正处于身心发展的特殊时期，他们的模仿能力超强，拥有丰富的想象力，他们的思维活动更是以形象思维为主。为此，在幼儿们进行户外体育活动时，教师一定要依托现有的材料，遵循他们身心发展的特殊规律，创设生动活泼的运动场景。例如，教师可以将传统的“小士兵”“运送粮食”等体育活动辅以更加生动的场景，让幼儿更加感兴趣。教师可以这样设计活动的场景：将那些看似没有用的牛奶盒子、薯片桶或者是用旧挂历纸制作两层的纸棒，废弃的可乐瓶等变成“解放军的营地”“敌人的碉堡”“弯曲的山路”“密集的地雷阵”“崎岖的山坡”，还有“石砖”“水桶”“梅花桩”，……，“解放军”戴上了军帽、个个投入“运动”。孩子们协调地钻山洞、跨雷区、爬铁丝网、登山坡，奋力投掷，消灭“敌人”，个个表现得大胆而勇敢。孩子们在与环境的互动中自由地活动着，爬、钻、跑、投、跳等运动综合能力得以充分发展。②要充分实现一物多玩。幼儿的创造力不仅仅优于成年人，甚至会经常让我们感到震惊。对于幼儿教师来说，一定要注意观察，对幼儿施加引导，鼓励他们创造户外活动器械的新玩法。例如，幼儿园经常会让小朋友用布制作小尾巴，可是孩子们玩一段时间后就会厌烦，教师可以抓住机会，启发孩子：“小朋友们觉得尾巴还有什么其他的玩法呢？”通过这种小型的、自制的活动器械，孩子们的动手能力得到了锻炼，思维水平得到了提升，运动能力得到了发展，可谓一举多得。③合理搭配器械很关键。如果长时间让孩子们玩某一种器械，孩子们的兴趣维持时间相对较短，但是如果能够合理搭配，不仅仅能提高幼儿活动的兴趣，还可以达到多项锻炼的目的。例如，场地上放着许多塑料圈、皮球、绳子、木棒等器械，在活动中，有的幼儿在塑料圈里钻、爬，套圈、摆圈跳、把圈一个一个套起来玩，有的幼儿把塑料圈打开当小河跳、钻山洞，有的幼儿将塑料管当马骑，有的幼儿三人合作，两人双手高举塑料圈，另外一个把球从塑料圈中投来投去……

4.幼儿体育游戏基本内容

幼儿体育游戏的内容主要以身体动作或走、跑、跳、投掷、钻、爬等基本活动技能为主。一个活动一般以1—2个基本动作为主，再辅以其他动作。选择或设计幼儿体育游戏内容，首先必须依据各年龄段幼儿基本动作的发展特征选编与设计，因为各年龄段的幼儿基本动作的发展具有很大的差异。2—3岁幼儿的跑步动作发展还不完善，针对该年龄段幼儿动作的发展特点，必须选编与设计一些简单的跑、跳内容，避免出现超越幼儿动作能力的内容。4—6岁的幼儿，无论是跑和跳跃的技能，还是动作的节奏感、身体稳定性的控制能力，均有了明显提高，一般选择模仿一些幼儿熟知的、活泼好跳的小动物，如“兔子”“青蛙”“袋鼠”等动物的跳跃动作，让幼儿进行各种形式的蹦跳练习，在欢快有序的情境中完成练习，最终达到良好的锻炼效果。

幼儿体育游戏的目的，应根据对象、教学要求和条件设定，要考虑到游戏的发展性和教育性。根据目的确定活动的内容和方法。如，行走游戏活动“奥运小运动员入场”，其目的是使幼儿练习行走动作，提高步伐的节奏感、协调性，培养良好的身体姿态；使幼儿从小了解并热爱运动，激发爱国热情。再如，以基本技能、身体素质和基本体操等三类活动内容为例，其目的分别设定如下：①基本技能，小、中、大班幼儿各按其年龄段目标在掌握走、跑、跳跃、投掷、平衡、踢、钻、爬、攀登等基本活动技能过程中，尝试运用不同体育活动器械及辅助材料，能在不同的气候条件及场地条件或空间里进行身体基本活动练习，具有成功感和自信心。②身体素质，提高幼儿平衡、协调、速度、灵敏、柔韧、力量等身体机能，帮助幼儿灵活运用各类体育器械进行锻炼，在掌握进行身体素质练习所必需的知识和技能的同时探索活动。③基本体操，在幼儿掌握的一般体操及队形变化的同时让幼儿尝试创编不同的模仿操、器械操等，激发幼儿对做操的兴趣，提高身体动作的表现能力，发展其空间想象的概念和能力，培养幼儿在体操活动中协同一致、遵守纪律的优良品质，满足幼儿表现、模仿、审美等多种需要。

幼儿体育游戏的方式，可根据内容及幼儿的兴趣爱好、参加的人数以及场地器材条件等具体情况设计，通常分为正规性与非正规性两种：

①正规性体育游戏相对比较注重幼儿动作与技能的训练,目的性、计划性较强。在各种游戏的活动开展中,培养幼儿的平衡、钻、爬、跳跃、投掷、攀登、走、跑等能力,教师主要采取讲解、示范、指导、评价等途径让幼儿明确活动的目的和要求,并按教师的要求去完成某种活动,从而达到锻炼身体或发展某方面技能的目的。②在非正规体育游戏中,教师主要采用个别辅导、分层指导,随机教育相当突出,充分让幼儿主动、积极地参与活动,幼儿可按自己的意愿选择活动内容、活动方法和活动伙伴。幼儿的晨间体育中多运用非正规体育游戏。有些幼儿爱玩一些类似成人的游戏活动,如踢足球、打羽毛球等等,针对幼儿这一特点,可以把场地划分出若干区,如器械玩具区、踢足球区、打陀螺区、跑步区、跳绳区、踢毽区等等。每个区域的游戏内容不同,目标、要求也不同。幼儿可根据自己的兴趣爱好自主选择游戏内容,如玩圈,幼儿可以玩跳圈、滚圈、套圈、平衡走,也可以接龙开火车或做游戏(过山洞),可以一个人玩,也可以几个人一起玩,非常自由。

幼儿体育游戏规则的制约性是幼儿体育游戏组织性和教育性的保障。为保证游戏的顺利进行,须对游戏的范围、形式等作出规定并提出要求。此外,规则是评定双方胜负,体现公平、公正的依据和准则。制定规则时,要做到科学性、兴趣性、简易性、创新性相统一。如小班体育游戏"找朋友",目标是练习钻,培养幼儿合作、互助的精神,过程是小鸭采来荷叶和小鸡一起躲雨。只许小鸭"下河"拿荷叶而不许小鸡去拿,规则既简单又注意到科学性。

幼儿体育游戏条件主要包括游戏所需的玩具、器械、场地布置以及相关的知识准备等。这块内容的设计是否到位,直接关系到游戏能否顺利开展,为此要高度重视。设计上,要结合游戏的实际情况深入分析,要充分保障游戏的安全性。

5.幼儿体育游戏设计建议

第一,明确游戏中师生角色定位。

幼儿在游戏活动中具体学到了什么，在很大程度上取决于教师与幼儿的互动。户外活动，本来是为了适应孩子活泼好动、好奇贪玩的天性开展的，和室内活动一样具有重要的意义，甚至比室内活动的教育效果更好。但是，传统的教师角色严重影响了户外活动的效果，甚至造成一些问题。

传统教育理念下幼儿户外活动师生角色观认为，教师是户外活动规则的制定者、控制者，标准的化身，从而导致了户外活动的程式化、控制化与理想化。这种理念在当今教育发展的大背景下已经不能有效推动教育的良性发展，我们认为，在户外活动中，教师应该是引导者，和幼儿一起制定户外活动规则，从而保证户外活动灵活化；教师应该是参与者，要顺应幼儿天性，从而实现户外活动自主化；教师应该是长大的幼儿，要利用幼儿探求欲，保证户外活动的生活化。

在游戏中，教师要真正发挥幼儿的主体作用，培养他们的想象力和创造力。如，有一次，幼儿都在教室里自主游戏。苗苗和贝贝在玩具之间来回快速走动，嘴里还念叨："宝宝快走，爸爸、妈妈带你去'游乐园'玩。"两个人把"宝宝"带到了"游乐园"，走到"小桥"上，贝贝说："小心地上滑。"还真像"爸爸"，扶着"宝宝"过了"小桥"。这是幼儿自发的一个角色游戏，幼儿在游戏中是主体，同时是主导，他们能自己发现问题并学会解决，会发现角色，会分角色，会进行游戏，并将之丰富化、具体化。这是幼儿对平时经历和体验的模仿。此时，教师要学会做一个旁观者，尽量不去打扰幼儿游戏的正常进行，为他们创造自由宽松的游戏氛围。

小班幼儿在遇到困难和挫折时，还不会自己去解决，他们需要求助，需要教师的正确引导。因此，教师要帮助他们树立信心，让幼儿初步学会自己解决一些简单的小问题，逐步提高幼儿解决问题的能力。如，幼儿在玩插片游戏，忽然豆豆走来对我说："老师，乐乐抢我的玩具了。"我看着她，说："你想个办法，看看怎么办好呢？"她发愁地说："怎么办呢?”我建议她:你去告诉乐乐,你抢我的玩具不对,把我的玩具还给我,行吗?她想了想,点点头说:“行。”只见她走到乐乐面前,对乐乐说了我教她的话,乐乐毫不犹豫地把玩具还给了她,她高兴地接过来继续玩了。

第二,选择适宜幼儿的难易程度。

对于幼儿体育游戏的设计,首先要选择适合这个年龄段的难易程度,这是游戏设计的一个基础。体育游戏若过于容易,幼儿园的孩子们可能会对游戏没有兴趣,或者进行过程中感到厌烦;游戏设计如果难度大,这一阶段的幼儿同样无法接受,甚至在游戏的过程中可能会出现危险。幼儿对于游戏技能方面的要求不宜过高,主要是让他们在体育游戏过程中身心得到健康地发展。

第三,注重对于幼儿兴趣的培养。

一个好的幼儿体育游戏,重要的前提是可以引起孩子们参与的兴趣,这就要使所设计的游戏可以引起这一阶段的幼儿们的好奇心,使其有探究的欲望,继而可以主动地参与体育游戏。如可以创设一个有趣味性的情境,使幼儿们可以很好地融入故事。故事容易使幼儿进入一个快乐的氛围。

另外,在这一阶段,大部分幼儿喜欢有刺激感的事情,喜欢接受挑战,因此,可以设计一些与众不同的、有吸引力的同时可以让幼儿能充分发挥想象力的体育游戏。

教师要深入了解幼儿在体育游戏中的各种需要,掌握他们对哪些动作、情节和游戏方式感兴趣,从设计富有情趣的故事情节、提供直观形象的道具及丰富多样的组织形式入手,以满足幼儿的运动和心理需要,从而使幼儿产生要参加体育游戏的愿望。

只有适度的要求才能有效地促进幼儿的发展。当前较为普遍的现象是:在体育游戏中,对幼儿的要求缺乏难度,幼儿不必费太多的努力就可以达到。教师在设计的难度上要敢于突破,要能引起幼儿向高难度挑战的兴趣。只要教师指导时保护恰当，孩子们的潜能就能得到发展。教师可以根据活动的要求，从不同的角度，如材料和器材的提供、情节设计等方面来增加难度，这就是我们所说的“跳一跳才能摘到果子”。

游戏“走平衡木”，就可以在器材上增加难度：教师根据幼儿的发展水平、能力的不同，设计长短不同或高矮不同的平衡木。幼儿根据自己的能力和水平，选择适合自己的进行练习，然后根据自己的实际情况选择是否增加高度，让每个孩子都在自己原有的基础上有所提高和发展。

游戏“高人运货”中，让孩子们踩着高跷把圈运送到20米以外的地方。孩子们有的把圈挂在脖子上，有的把圈斜挎在肩膀上，还有的把圈拎在手上，虽然有些方式并不是很好，容易滑落，但是没有一个孩子向困难低头，反而饶有兴趣地完成了任务。这就是在情节上增加难度的成功例子。

当然，我们也可以赋予游戏以生动的故事情节和活泼的人物角色，帮助幼儿去学习动作、理解动作和掌握动作，使整个锻炼过程具有趣味性和目的性。情景化的体育游戏就像一部电影，剧情有头有尾有高潮，跌宕起伏，情绪有高有低，而教师不仅是“导演”，更和小朋友一样是剧中的“角色”。这样的体育游戏能一下子调动与激发孩子们强烈的兴趣，迅速融入游戏，使整个体育游戏顺畅地开展，让孩子们得到积极愉快的情感体验。

第四，强化游戏过程中的指导设计。

体育游戏活动中教师对幼儿的指导是关键的，也是要必须做好的。首先，要考虑到幼儿原有的知识经验水平和身体素质的情况，设计恰当的语言进行讲解，使幼儿容易理解并且产生兴趣。其次，设计的活动要有一定的意义，可以潜移默化地使这一阶段的幼儿养成一定的自主性和一定的规则意识，要明确幼儿教师并不仅仅是教幼儿们如何去玩，更是要在体育游戏中指导他们，培养他们的规则意识等，使这一阶段的幼儿得到较为全面的发展。

在体育活动中，教师根据活动的目标，引导幼儿探索，让幼儿在探索的过程中发现问题、解决问题，并且在幼儿探索的过程中，教师引导、鼓励幼儿将自己的发现、感受表达出来。幼儿探索的过程就是学习的过程，是变“要我学”为“我要学”的过程，在一个体育游戏中，幼儿可以从多方面进行探索。

可指导幼儿探索动作的做法和要领。在体育游戏中，如果内容是幼儿熟悉的或动作本身难度不大，就可以多采用幼儿自由探索的方式来进行，教师在幼儿探索后再组织幼儿进行个别展示，让幼儿的经验得到共享与提升。如中班游戏“勇敢的小兔”中，要过的小桥（平衡木）是幼儿已有的经验，教师没有示范，就让他们自由练习、探索，找出又快又稳的过桥方法。

可指导幼儿探索体育玩具的玩法。把投放到体育活动中的体育玩具的功能全面发掘出来，体现出它真正的价值和教育功能，也就是“一物多玩”，也需要教师引导幼儿去探索。这既能增强幼儿参与活动的兴趣，也能发展幼儿的创造力。就像一张普通的报纸，经过小朋友的探索，可投、可跳，变成有趣的体育器械。

第五，凸显游戏活动设计层次性。

幼儿教育也存在教学对象的差异性，教学实践中对于不同层次的教学对象，游戏活动内容设计要凸显出层次性。实施设计层次性原则的关键在于正确掌握各年龄段幼儿的身心发展水平和特点，并充分了解每班幼儿之间的个体差异。要做到以下两个方面：

一是通过学习幼儿生理学、幼儿心理学、幼儿卫生学等方面的知识，了解并掌握3—6岁不同年龄段幼儿身心发展的规律和特点，了解他们的年龄差异，并在此基础上确定不同年龄段幼儿体育游戏的目的，以及与目的相适应的内容、方法和组织形式等。

二是通过组织活动，观察并了解本班幼儿的个体差异，即了解幼儿在动作发展水平、身体素质、运动能力、个性心理等方面存在的差异，并根据观察结果设计出动作难易程度和运动负荷程度上都具有层次性的体育游戏内容，使游戏适合不同层次的幼儿。

小班幼儿的体力较弱，身体的基本活动能力较差，动作不够平稳、灵敏、协调，思维活动带有具体形象性，喜欢模仿，对游戏中的情节、角色、动作过程容易发生兴趣，自我控制能力较差，注意力不易集中。因此，小班幼儿体育游戏（如“老猫睡觉醒不了”“小孩小孩真好玩”等）的内容比较简单，动作也简单，活动量较小。

中班幼儿在体力、智力等方面都具有明显的发展，体力逐渐增强，动作比以前显得灵活、协调，空间知觉有了一定的发展，注意力也比较集中，具有一定的自我控制能力，初步学会了与同伴友好合作，集体观念有所增强。因此，中班幼儿体育游戏（如“老鼠笼子”“切西瓜”等）的内容开始复杂，幼儿喜欢情节较复杂的、活动量较大的追捉游戏。

大班幼儿的基本活动能力已发展较好，动作更加灵敏、协调，体力较充沛，知识范围扩大，理解能力有所发展，具有较强的自我控制能力，有一定的责任感和集体观念，相互合作的能力有所提高。因此，大班幼儿体育游戏（如“人抢虎”“占圈”等）的动作难度增大，动作增多，内容丰富，游戏的活动量增大，幼儿喜欢竞赛性的游戏以及需要体力与智力相结合的游戏。

第六，坚守游戏活动设计的安全性。

幼儿正处于生长发育阶段，其骨骼及软组织易受到损伤，所以在设计和创编幼儿体育活动时，为避免不安全因素，做到防患于未然，应坚守安全这条红线。严密组织活动，对场地、队形、往返路线和配合方式等进行合理的安排和设计，以免发生碰撞。充分发挥游戏规则的约束作用，避免事故发生。如在追捉游戏中，不准推人、拽人或打人。

在课程活动的组织和实施过程中，要把安全问题放到首要位置，在设计活动时不要安排难度过大、疼痛感较强的内容。在进行体育游戏时，原则上不选择技巧性的内容，要在有塑胶地板的室内或较软的平地上或有草坪的地方进行体育游戏，以降低地面对幼儿身体的反作用力。如果在水泥地上或柏油路面上进行游戏活动，一定要让孩子穿软底鞋，以减轻硬度高的地面的反震力对孩子肢体和肌肉群的损伤。

幼儿体育游戏是幼儿一日生活中不可缺少的内容。幼儿在户外利用阳光、空气和自身各种条件，进行体育游戏，能锻炼机体，提高幼儿对自然环境的适应能力，增强体质，巩固和提高基本动作技能。经常在户外进行体育游戏活动，能丰富幼儿的生活内容，使他们始终保持精神饱满，活泼愉快，性格开朗。这些都是任何室内活动所不及和无法替代的。

户外活动前的“三查”与“三讲”，可以确保幼儿户外游戏安全：“三查”，一查幼儿（精神面貌适合户外活动，幼儿服装、鞋子等穿着适合户外活动），二查场地（对活动场地进行安全检查），三查材料（对户外活动所用的材料和器械进行安全检查）；“三讲”，一讲常规（针对户外活动内容讲解游戏玩法和规则），二讲自护（针对户外活动内容进行安全自护教育），三讲求助（引导幼儿在户外活动过程中发现异常情况立即向老师求助）。

第七，加大对幼儿体育游戏的创编。

传统幼儿体育游戏是不同历史时期劳动人民和幼儿在生活中自发产生并不断发展的游戏活动，反映了不同时期和不同地域人们的生活、生产和娱乐状况，具有较强的时代性、地域性、民族性，但也具有一定的历史局限性，其中，有些游戏的材料、场地、内容、方式或规则不太适合现代的幼儿[①]。有些传统幼儿体育游戏在安全性、童趣性、操作性等方面存在很多的不足之处，制约了其在学前教育中的开展。幼儿教师可以对传统幼儿体育游戏进行改编，取其精华，去其糟粕，使它们能适应

① 参见：盛慧慧.幼儿园开展民间体育游戏的调查研究——以C幼儿园为例[D].长春：吉林外国语大学，2019.

当今学前教育教学的要求[①]。

幼儿体育游戏创编原则有五个：①游戏形式方面，体能性与趣味性相结合；②游戏规则方面，竞技性与安全性相结合；③游戏名称方面，生动性与直观性相结合；④游戏内容方面，简练性与全面性相结合；⑤游戏成果方面，实践性与理论性相结合。[②]

教师在创编幼儿体育游戏时，必须首先遵循体能性和趣味性相结合的原则。幼儿参与体育游戏需要一定的体能，这是体育游戏区别于智力游戏的本质特点。幼儿体育游戏应该根据实际情况，综合利用场地、器材等资源，把基本的体育运动形式，如走、跑、跳、投、攀登、爬、搬运、钻、躲闪等等融入游戏，提高幼儿的力量、速度、耐力、柔韧、协调、灵活等身体素质。

体育的本质特性是竞技，竞技是体育的根本，失去竞技性的体育游戏就失去了其原有的特色和强大的生命力。因此体育游戏都应该具备竞技性。对于一些游戏中容易出现的不安全因素，游戏规则可以发挥其应有的约束作用，这是其安全性的体现。如在追捉类的游戏中，规定可以接触身体，但不能打人、推人。在幼儿体育游戏的创编中，要有严格、明确的规则和完善的安全措施，让幼儿有组织、有秩序地进行游戏，让幼儿在游戏中获得纪律教育和安全教育。

创编幼儿体育游戏过程中，为了提高幼儿兴趣，在名称确定上要遵循主动性原则，让幼儿听了游戏名称就有一种想参与的欲望，如“火车接力”“小兔赛跑”等等。对游戏名称的描述要直观，尽可能不用冗长的“大白话”，要用“术语”准确地表述，使人看到名称就知道游戏的内容。

游戏内容的表述应该既简练又全面。全面而生动形象地对体育游戏内容进行描述，直接影响到幼儿对体育游戏的第一印象，也影响到幼

① 胡欢欢．幼儿体育教学中传统体育游戏的融入研究[J]．南昌师范学院学报，2020(3)：106-109.

② 李锦国．幼儿体育游戏创编原则初探[J]．辽宁师专学报(自然科学版)，2018(3)：50-52.

儿教师在选择幼儿体育游戏时的初步印象，可以从出发点增强幼儿对游戏的兴趣，也可以形象直观地把游戏的整体框架呈现给幼儿，有利于教师进行讲解和示范。游戏的各部分内容都要遵循简练性原则，如对游戏名称、规则、方法、所需场地器材、注意事项等方面进行描述时，尽量使用简练的语言。可使用图片，图片展示的重点应该是游戏的核心部分，使教师和幼儿在教与学的过程中能全面准确地掌握游戏内容。

创编体育游戏的灵感来源于教学实践，因此实践性是创编幼儿体育游戏最重要的原则。幼儿教师在教学过程中可以根据自己的实践经验，总结幼儿体育游戏的教学心得，根据班级实际情况，创编出适合当前幼儿实际的体育游戏。无论何种创编形式，都离不开体育游戏创编理论的指导，所以为了更好地保证体育游戏服务于幼儿教育，切实改善幼儿身体素质，创编幼儿体育游戏必须遵循实践性与理论性相结合的原则。

附：传统幼儿体育游戏整合改编的“五维”“五策”①

“五维”

安全性维度：父母和幼儿教师在选择幼儿游戏时，首先考虑的是安全性。部分传统幼儿体育游戏本身具有一定的危险性，如“两人三足”“踩高跷”“单拐对撞”“骑大马”等。这些体育游戏对于自我保护能力较差的幼儿来说，具有一定的安全隐患，需要防范。

童趣性维度：当前，各种电子产品和玩具吸引着幼儿的注意力，传统幼儿体育游戏对幼儿的吸引力越来越小。如“老鹰捉小鸡”“捕小鱼”“老狼老狼几点了”“石头剪刀布”“吹泡泡”“丢手绢”等等，这些游戏操作简单，内容不丰富，幼儿玩的时间稍长就会厌倦。因此，幼儿教师在

① 改编自：黄勇明，封娟．论传统幼儿体育游戏“五维五策略”的整合改编[J]．教育观察，2021(4)：16-17，20.

对传统幼儿体育游戏进行改编时，要根据幼儿心理发展的特点，挖掘幼儿的兴趣点，融入现代社会的一些元素，使传统幼儿体育游戏具有较大的趣味性。

可操作性维度：有些传统幼儿体育游戏对场地、材料有一定的要求，这些场地和材料在现代城市中不好找，从而限制了游戏的推广。有些游戏规则复杂，幼儿难以把握。有些游戏规则模糊，不好操作。因此，幼儿教师在改编传统幼儿体育游戏时，要充分考虑游戏场地、游戏材料、季节气候、游戏规则、幼儿年龄等因素。

时代创新性维度：有些传统体育游戏的玩法老套，规则陈旧，游戏材料单一，对现代幼儿的吸引力小。教师应把古老的传统体育游戏与现代游戏结合起来，充分吸取现代游戏的时代元素。另外，可以把只能提高幼儿某一方面能力的游戏与现代游戏结合起来。

生活情境性维度：将幼儿日常生活的情境融入幼儿传统体育游戏。

“五策”

体验感悟的策略：幼儿的学习过程应该是在直接体验的基础上感悟的，然后上升到认识，这样习得的经验才难以忘记。另外，幼儿体育游戏传递的情感、价值、道德等要素都需要通过体验感悟才能实现。因此，幼儿教师在对传统幼儿体育游戏进行整合改编时，要注重使用体验感悟的策略，使幼儿获得亲身体验的机会，从而获得感悟。

情境创设的策略：幼儿的思维以形象思维为主，他们对生动的情境比较感兴趣。因此，幼儿教师在对传统幼儿体育游戏进行改编时，要运用故事植入、道具选择、场景布置、视频播放等手段，尽量创造出生动而真实的情境，激发幼儿真实的情感，促进幼儿健康地发展。例如，在玩“捕小鱼”游戏时，教师可以讲解绘本故事《大海里的鱼》，然后根据小鱼的颜色，让幼儿穿上相应颜色的衣服，扮演不同颜色的小鱼。

互动探究的策略：要改革传统的幼儿教育教学模式，建立新型的师幼关系，重视幼儿与幼儿之间、幼儿与教师之间的互动交流，使幼儿园的教育教学变成一个促进幼儿主动探索的过程。互动探究的游戏模式是一种能够激发幼儿兴趣、提高幼儿参与的积极性、促进幼儿主动地思考、发挥幼儿想象力的游戏模式。因此,幼儿教师在对传统幼儿体育游戏进行改编时,要考虑互动探究的策略。在游戏的过程中,教师要创造条件,提供足够的想象空间,让幼儿自主地发现问题,独立获取知识、经验和技能。

合作与竞争的策略:现代社会是一个充满合作与竞争的社会。合作能力是幼儿适应未来社会不可缺少的重要能力。幼儿在未来社会中面临竞争与挑战,因此,在学前教育阶段,培养幼儿的竞争意识必不可少。合作与竞争也是体育游戏重要的特征。在游戏中,合作与竞争不仅能够提高幼儿参与游戏的积极性,还能满足幼儿与同伴交往交流的需求,促进幼儿人际交往能力的提高。因此,幼儿教师在对传统幼儿体育游戏进行改编时,要融入合作与竞争的策略。

主题活动的策略:主题活动是以某个主题为中心进行的延伸活动,主题要贯穿活动的始终。与传统的幼儿活动相比,主题活动具有更强的系统性和针对性,对幼儿发展的促进作用更大。因此,幼儿教师改编传统幼儿体育游戏时,可以采取主题活动模式,以一个主题为中心,把几个游戏串联起来,以便丰富传统的幼儿体育游戏的内容,增加游戏对幼儿的吸引力。

二、幼儿手球

手球运动,不仅涉及田径中的跑、跳、掷等各项技术动作,还涉及各球类项目的技术特色,是一项技术全面的运动。

1.幼儿手球运动价值

幼儿的健康,一是具有一定的平衡能力,动作要协调、灵敏;二是要具有一定的力量和耐力;三是手的动作灵活协调。通过鼓励幼儿进行跑、跳、钻、爬、攀登、投掷、拍球等活动，可以促进幼儿各项动作技能的发展。所有这些要求的达成，幼儿手球运动都可以实现。

第一，手球运动有利于培养幼儿的集体意识。

手球是一个集体运动项目，它不同于拳击或田径等个人拼搏的项目。手球又是一个对抗激烈的项目，个人在集体中所能起的作用远远小于篮球和足球。这就需要全体队员团结一致的精神，才能取得更好的比赛成绩。

第二，手球运动有利于培养幼儿的拼搏精神。

强烈的对抗、频繁的身体接触、持续不断地进攻以及激烈对抗中的全力射门，使手球运动员练就了一种敢于拼搏的顽强精神。在比赛中，只要进攻队员还能够继续进攻，裁判员就不会中断比赛。运动员顽强拼搏，不达目的不罢休的意志，可在手球比赛中表现得淋漓尽致。

第三，手球运动有利于培养幼儿的鉴赏能力。

手球运动中，运动员们在激烈对抗中熟练自如地做出各种射门动作，跳起远射、小角度射门、前扑射门、鱼跃射门以及采用反弹球、旋转球、快板球等高难度射门技术。出神入化的战术配合，灵活多变地隐蔽传球，守门员精彩地出击扑救球，等等，场上紧张的气氛会给观众带来心灵上的强烈感染。

2. 幼儿手球基本技术

第一，无球技术。

变速跑：行进中，加速时，在原有速度基础上，利用前脚掌加大用力，快而短促地向后蹬地，同时上体前倾，重心向前移动，跑动频率加快，前两三步步幅稍小，手臂相应地协调摆动；减速时，向前迈出脚掌用力抵地，减缓前冲的力量，步幅放大，上体立起，从而减慢跑动速度。

变向跑：在跑动过程中突然改变方向。向右变向跑时，用左脚前脚掌内侧用力向左前下方蹬地，腰部内转带动左肩向右前方转动，重心右移，上体向右前侧倾，右脚向右前方跨出一步并迅速用力蹬地，左脚快速跟上向右前方跨出，加速急跑。

侧身跑：队员在向前跑动时，为了充分观察来自后方的球或对方的情况，跑动时，脚尖对着前进方向，上体和头部放松扭转向侧后，形成一肩前一肩后，上体侧对前方的姿势。

后退跑：队员为了观察球场上的攻守情况而背对前进方向，两脚提踵，用脚前掌迅速向后跑动，上体放松直起，两臂屈肘相应摆动，保持身体平衡，两眼平视，注意场上情况。

弧形跑：跑动时，上体方式稍后仰，重心内倾，两手臂自然屈肘于体侧摆动。身体重心不要太高，步幅不要太大，但频率要快。

折返跑：根据两个标志物，从其中一点（起点）开始，按照要求根据一定距离跑至另一点（终点）处，用脚或用手碰到标志物后立即转身（无须绕过标志物）跑回起点，继续转身跑向终点，循环进行。要点是先降速度，再降低重心，先转身朝反方向，再过折返线。

单脚跳：起跳时，踏跳退屈膝，脚前掌用力蹬地，摆臂提腰，另一腿屈膝上提，跳起后，接着两臂快速上摆，同时下肢用力蹬地，向上跳起，上体自然伸展。落地时，前脚掌先触地，屈膝缓冲。

双脚跳：起跳时，双腿屈膝，脚前掌用力蹬地，摆臂提腰，跳起后，两臂快速上摆，同时下肢用力蹬地，向上跳起，上体自然伸展。落地时，双脚的前脚掌先触地，屈膝缓冲。

前转身：向左（右）做前转身时，左（右）脚为中枢脚，转身时右（左）脚前脚掌内侧蹬地，以肩带腰向左转，转身过程中，身体重心要在一个水平面上，不要上下起伏。

前滑步：向前滑步时，后脚的前脚掌内侧蹬地，前脚向前跨出一小步，着地的同时，后脚迅速向前滑动。保持两脚前后开立姿势。

后转身：向右（左）做前转身时，右（左）脚为中枢脚，转身时左（右）脚前脚掌内侧蹬地，以肩带腰向右转，转身过程中，身体重心要在一个水平面上，不要上下起伏。

侧滑步：向左滑步时，右脚前脚掌内侧蹬地，左脚向左跨出一步，落地的同时，右脚迅速随同滑行，然后依次重复上述动作，眼要注视对手；向右滑步时，动作相反。

跳步急停：行进间急停时，单脚或双脚跳起，不宜太高，上体稍后仰，两脚平行或稍分前后同时落地。落地时，两膝弯曲，重心下降并落在两脚之间，两臂自然屈肘置于体侧，维持身体平衡。

第二，有球技术。

双手持球：双手持球时，两脚左右或前后站立，略宽于肩，两膝稍弯曲，重心落在两脚之间，两手五指自然分开，用指根以上部位握住球的两侧，两拇指成八字形，两肘关节微外展，双手持球于胸腹之间。

单手持球：单手持球时，五指自然分开，用指根以上部位接触球，以拇指与无名指进行对掌运动，将球牢固地拿住，腕关节要放松。

抛接球：身体自然站立，双手持球，抛球时手心朝上抱球，接球时双手自然弯曲，双手掌心向上呈倒“八”字形。

滚球：利用所学的双手持球或单手持球动作完成捡球动作，用双手或单手完成滚球动作。

原地高运球：上体稍前倾，抬头看前方，以肘关节为轴，用手拍按球的正上方，把球的落点控制在身体侧前方，当球从地面反弹至腰腹高度时连续拍按球。

原地低运球：两腿稍弯曲，重心下降，上体稍前倾，抬头看前方，用手拍按球的正上方，把球的落点控制在身体侧前方，当球从地面反弹至膝关节高度时连续拍按球。

行进间高运球：上体稍前倾，抬头看前方，以肘关节为轴，用手拍按球的后上方，把球的落点控制在身体侧前方，当球从地面反弹至腰腹高度时连续拍按球。

行进间低运球：上体稍前倾，抬头看前方，以腕关节为轴，用手拍按球的后上方，把球的落点控制在身体侧前方，当球从地面反弹至膝关节附近时连续拍按球。

单手肩上射门：两脚前后开立，左脚在前，右脚在后。射门时，右手引球上肩（身体重心随之移向右脚），投掷臂的右肘高于肩，前臂与上臂在肘关节处的夹角在120°左右，发力时右脚蹬地，重心前移，转髋转体，左脚积极支撑地面，随即以蹬转、收腹的力量带动右臂前挥，利用上臂的挥甩、屈腕"鞭打"和食指、中指、无名指扣压球的动作，将全身力量通过指尖作用于球上，使球快速射向球门。

向上跳起单手肩上射门：在左脚起跳的同时，身体右转侧对前方，右腿弯曲从右侧上抬，提腰展体与向上引球相配合，右手持球直接引球上肩，身体腾空至最高点时，利用转体、收腹、带动手臂弧线挥甩，以前臂与手腕的快速鞭打动作，通过手指的压拨将球射出。球出手后，左脚积极支撑地面并屈膝缓冲，右脚迅速向前跨出一大步，注意控制身体平衡。

3. 幼儿手球比赛细则

根据中国手球协会2022年1月14日公布的《幼儿手球活动规则（试行版）》，幼儿手球比赛要求和规则要点整理如下：

第一，幼儿手球比赛用球，必须是圆的，由皮革或合成材料制成，表面不应发亮或光滑。幼儿手球比赛用球为（U6）：00号，周长为39—41厘米，重135—145克。

第二，幼儿手球比赛场地，为长方形，长16米，宽8米，由两个球门区和一个比赛场区组成。周围应有安全区，离边线至少1米，离球门线至少2米。球门位于各自球门线的中间，球门内径高1.35米，宽2米。球门区位于球门前面，球门区以球门区线为界。长界线称边线，短界线称球门线（球门柱之间）或外球门线（球门的两侧），连接两条边线中点的线为中线。场上的线均属于各自界定的场区的一部分。两个相邻场区之间的线可由场区的不同颜色代替。任意球线（3.6米）是一条虚线，距离球门区线1.2米并与之平行，每线段以及线段间的距离均为0.1米。

罚球线长0.6米，位于球门正前方，距离球门线2.8米（从球门线外沿至罚球线米线外沿度量）并与之平行。各队的换人区为本方半场的边线。

第三，幼儿手球比赛时间，由两个5—8分钟时段组成，中间休息通常为3—5分钟。当裁判员为第一次开球鸣哨时，比赛时间开始；当计时员发出结束信号时，比赛时间结束。结束信号发出前的犯规和非体育道德行为均应判罚。

第四，比赛暂停。由裁判员决定比赛何时暂停以及暂停的持续时间。下列情况必须暂停：①判20秒罚出场或取消比赛资格时；②1分钟球队暂停时；③计时员或技术代表发出信号时。暂停时，原则上由裁判员决定何时停止和重新启动计时钟，并通过三声短哨和手势通知计时员。在正常的比赛时间内，每队每个时段可有一次1分钟的球队暂停，但不包括决胜期。

第五，比赛球队。一支球队最多由10名队员组成，上场队员人数不得超过4人（至少由1名男队员或1名女队员组成），其他队员为替补队员。守门员可随时成为场上队员。同样，场上队员也可随时充当守门员。比赛中每队最多允许有3名随队官员，且在比赛过程中不得更换。随队官员中必须指定1人为“球队负责官员”。仅此官员允许和计时员／记录员讲话，或在有必要时与裁判员讲话。在比赛过程中，随队官员通常不允许进入场地。违反此规则将作为非体育道德行为进行处罚，重新开始比赛时由对方掷任意球。“球队负责官员”必须确保在比赛开始后只有具有参赛资格的球队官员（最多3人）和队员才可以坐在替补席上，而且要督促本方替补席遵守替补区规定。如有违犯，则对“球队负责官员”升级处罚。一个有资格参加比赛的队员，可随时从本方换人区上场。“球队负责官员”应确保只有获得参赛资格的队员方可进场参赛。如有违犯，则视为“球队负责官员”的非体育道德行为，并对其进行升级处罚。

第六，比赛换人。被替补队员已离开场地，替补队员即可不通知计时员/记录员随时、重复地进场参加比赛。参与换人的所有队员都应该在本方换人区进出场地。在暂停期间替补区规定同样适用(球队暂停除外)。换人违例时,应判罚违例队员出场20秒。如果同一个球队在一次换人过程中发生多人违例,只处罚第一个违例队员。比赛重新开始时由对方掷任意球。如果受罚队员在受罚期间进入场地,他(她)应被再次罚出场20秒,这个20秒应立即开始。

第六,比赛装备。同队的场上队员(含守门员)必须着统一服装,两队的服装颜色必须有明显区别;队员号码应为1—99号,服装背后和胸前号码的高度必须分别不低于10厘米和5厘米;队员必须穿运动鞋。

第七,守门员规则。允许守门员:在球门区内做防守动作时,用身体任何部位接触球;在球门区内持球活动时不受场上队员规则的限制;当守门员身体的任何部位接触球门区线以外的地面时,即被认为已经离开了球门区;如果未能控制住球,可以随球离开球门区并在比赛场区继续触球。不允许守门员:在防守时危及对方;控制球后持球离开球门区;如果之前裁判员已经鸣哨掷球门球,则判由对方掷任意球;如果裁判员还没鸣哨掷球,则纠正后重掷球门球;在球门区内接触球门区外地面上静止或滚动的球;将球门区外地面上静止或滚动的球拿进球门区;从比赛场区持球重新进入球门区。

第八,球门区。防守队任意一名队员可以作为守门员进入球门区。场上队员身体的任何部位触及球门区(包括球门区线),即被认为进入了球门区。对进入球门区的场上队员应判罚如下:①进攻队员持球进入球门区或不持球进入球门区但获得利益时,判罚球门球;②防守队员进入球门区获得利益,但未破坏明显得分机会时,判罚任意球;③防守队员进入球门区,并破坏了一次明显得分机会时,判罚罚球。当守门员在球门区内控制球时,这时的球被认为是"死球"。守门员必须通过掷球门球将球掷回场内继续比赛。从球门区弹回到比赛场区的球,仍处于比赛状态。

第九，接触球。允许队员：用手（张开或并拢）、臂、头、躯干、大腿和膝部去掷球、接球、停球、推球或击球；持球跑动，不超5步，持球不得超过5秒，包括球在地上。不允许队员：用脚或膝关节以下部位触球，但对方掷来的球除外。如果球触及场内的裁判员，比赛继续进行。

第十，犯规与非体育道德行为。允许队员：①用张开的单手拨对方手中的球；②用弯曲手臂接触对方身体的方式紧盯对方队员；③在争抢位置时，用躯干阻挡对方队员。应给予个人处罚的犯规：对于那些主要或专门针对对方身体的犯规，必须给予个人处罚。这意味着，除判罚任意球或罚球外，应给予升级处罚，以警告开始，然后是罚出场20秒和取消比赛资格。下列犯规应直接罚出场20秒：①犯规动作力度很大或对快速跑动中的队员犯规；②长时间抱，或将对方队员拉倒；③对头部、喉部或颈部的犯规；④强有力地击打对方躯干或者投掷臂；⑤试图使对方失去身体平衡；⑥快速地跑或跳起来撞向对方。攻击并危及对方身体健康的行为应判取消比赛资格。与良好的体育运动精神相悖的口头和非口头的表达均被视为非体育道德行为，这适用于场上场下的所有队员和官员。

第十一，得分。射门之前或射门时，在射门队员本人及本队其他队员或官员没有任何犯规的情况下，使整个球体完全越过球门线而进入球门，即得一分。球门裁判鸣两声短哨并做出得分的手势，确认得分有效。如果防守队员违犯规则，但球仍进入球门，应判得分。在整个球体完全越过球门线之前，如果裁判员、计时员或技术代表已中断比赛，不应判得分。如果队员将球打进本方球门，应判对方得分，但守门员掷球门球时例外。一旦判得分且裁判员已鸣哨开球，对得分的判定不得更改。如果比赛结束信号恰在得分以后开球以前发出，裁判员必须明确表示得分有效。比赛中得分多的队为胜方。比赛双方得分相等或均未得分则为平局。如果在正常比赛时间结束时双方打成平局，而竞赛规程要求必须决出胜方，则在休息2分钟后进行罚球决胜负。

第十二，开球。比赛开始时，由掷币获胜并选择开球的队执行开球，对方有权选择场区。如掷币获胜的队选择场区，则由对方掷开球。下半时双方交换比赛场地，比赛开始时由上半时没掷开球的队掷开球。得分后，由失分队开球重新开始比赛。除上下半场第一次开球（在场地中央）外，得分后的开球由守门员在本方球门区内，裁判员鸣哨后5秒内掷出。

第十三，边线球。如果球的整体越过边线，或者在越过防守队的外球门线之前，最后触及防守队的场上队员，应判边线球。当球触及场地上方的天花板或悬挂物后，也应判边线球。掷边线球时裁判员不鸣哨，由球出界或触及天花板或悬挂物前最后触球队的对方执行。边线球应在球出界的地点执行，或者在球出界的一侧边线与外球门线交界处执行（球越过外球门线时）。在球触及场地上方天花板或悬挂物后，要在离触及点最近的边线处掷边线球。掷球队员必须保持一只脚踏在边线上，直到球离手为止。对另一只脚的放置无限制，既可置于场内也可置于场外。掷边线球时，对方队员必须距离掷球队员至少1.2米。在任何情况下都允许队员紧贴本方球门区线外站立，即使他们与掷球队员的距离不到1.2米。

第十四，球门球。下列情况判球门球：①进攻队员持球进入球门区或不持球进入球门区但获得利益；②守门员在球门区内控制球或球在球门区内停住；③对方队员触及本方球门区内滚动的球；④球越出本方外球门线前，本方守门员或对方队员触球。球门球，由守门员从球门区将球掷出球门区线，裁判员无须鸣哨。当守门员将球完全掷出球门区线后，即认为掷球门球完毕。允许对方队员紧贴球门区线外站立，但在球完全越过球门区线之前不得触及球。

第十五，判罚任意球。原则上，裁判员在出现下列情况时中断比赛并由对方掷任意球重新开始比赛：①拥有球权的队犯规必须剥夺其球权时；②对方犯规。为了比赛的连续性，裁判员应尽量避免因判任意球而过早地中断比赛。裁判员判由对方掷任意球时，持球的进攻队员必须立即原地放下球。掷任意球时，裁判员通常无须鸣哨，原则上在违例犯规的地点执行。掷任意球时，防守队员必须距离掷球队员至少1.2米。如果是在防守队的任意线处掷任意球，允许防守队员紧贴球门区线外站位。

第十六，罚球。下列情况判罚球：①队员或官员在场上任何地点犯规，破坏了对方明显得分机会；②非参赛人员干扰破坏了明显得分机会，如观众进入场地或通过哨音使队员停止比赛。明显地由于防守犯规而使进攻队员失去球权或身体平衡，从而失去了明显得分机会，必须要判罚球。罚球应在裁判员鸣哨后5秒钟内射向球门，掷罚球的队员必须位于罚球线后不超过1米的范围内。掷球后，在球触及对方队员或球门前，掷球队员及其同队队员不得再次触球。掷罚球时，在球离开掷球队员的手之前，其同队队员必须始终位于任意线外，否则将判由对方掷任意球。掷罚球时，在球离开掷球队员的手之前，所有对方队员必须站在任意线外且距离罚球线至少1.2米。当掷罚球队员已持球正确就位准备掷球时，不允许替换守门员。

第十七，掷球队员。执行掷球前，掷球队员必须持球在规定的正确掷球位置就位。掷球时(球门球除外)，在球离手前，掷球队员必须保持一只脚的一部分稳固地接触地面，另一只脚可以重复地抬起与放下。在掷球完毕前，掷球队员必须始终保持在正确的掷球位置。当球离开掷球队员的手时，即算掷球完毕。在球触及其他队员或球门前，掷球队员不得再次触球。除球门球不能直接掷入本方球门得分外(不慎扔进本方球门)，任何掷球均可直接射门得分。鸣哨后，掷球队员必须在5秒钟内将球掷出。掷球队员的同队队员必须按相关掷球的规定在正确位置就位，在球离开掷球队员的手之前，必须保持正确的位置。防守队员必须按相关掷球的规定在正确位置就位，在球离开掷球队员的手之前，必须保持正确的位置。掷球队员在球触及其他队员或球门前再次触球,如运球或球在空中或放在地上后再次抓球,这些违例判由对方掷任意球。如掷球受到防守队员干扰,原则上应重掷。

4. 手球比赛裁判手势

以下手球比赛裁判的手势,由杭州市闲林职业高级中学体育教师俞冬君示范。

第一,侵区判罚手势:

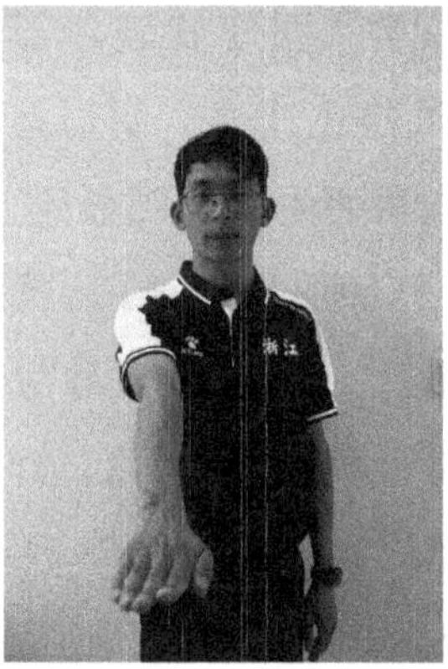

第二,非法运球手势:

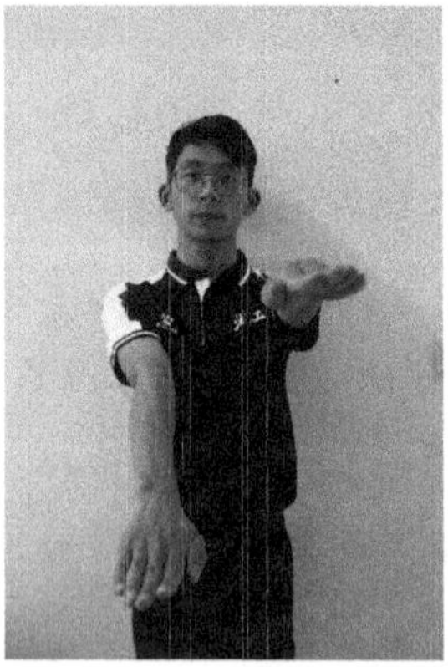

第三，四步或三秒违例手势：

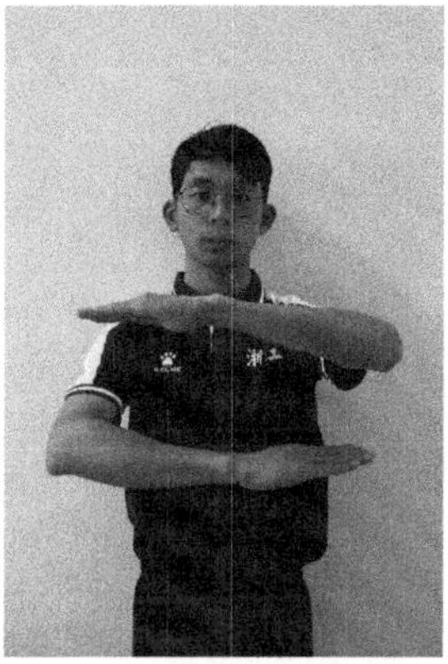

第四，拉人、抱人或推人犯规手势：

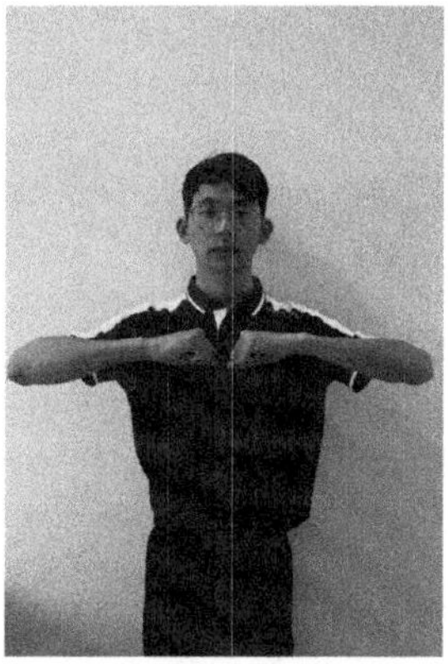

第五，打手犯规手势：

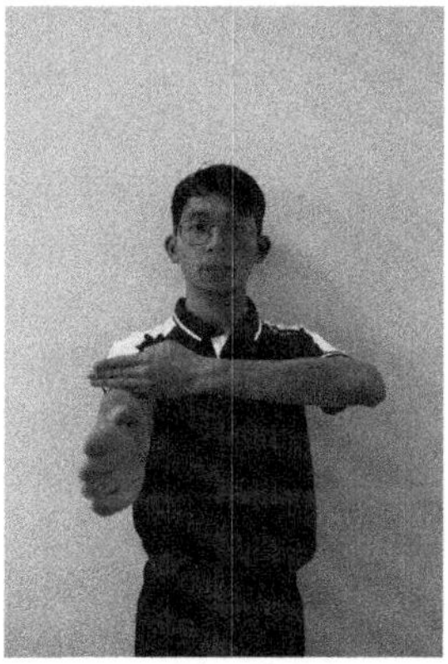

第六，进攻犯规手势：

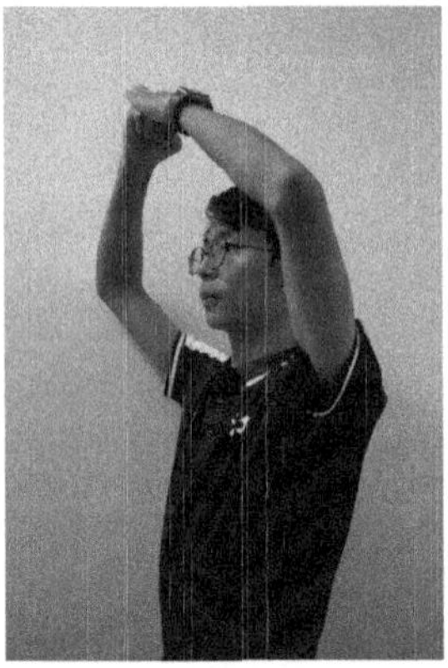

第七，边线球手势：

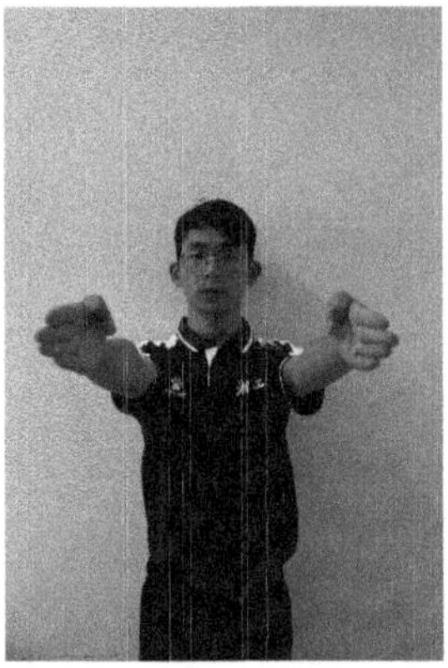

第八，球门球手势：

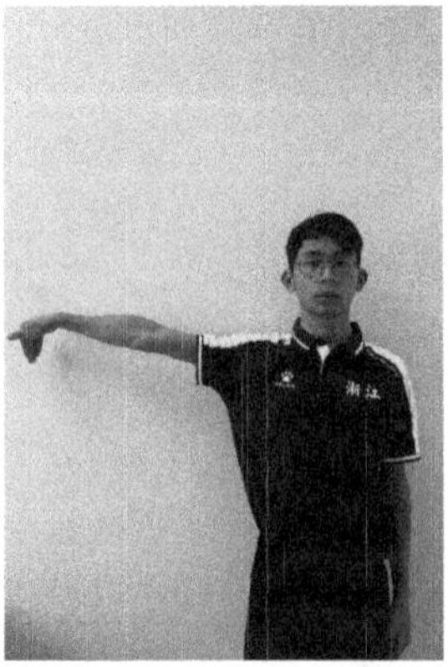

第九，任意球手势：

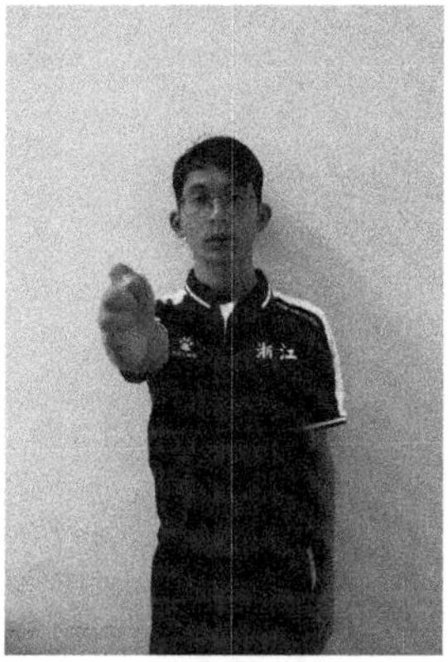

第十，离开三米手势：

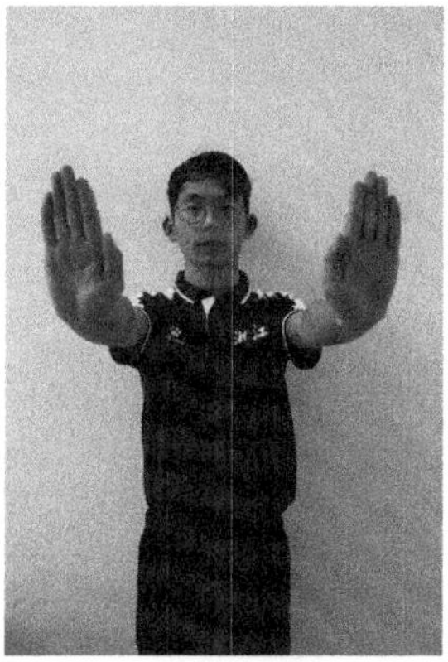

第十一，消极比赛手势：

第十二，得分手势：

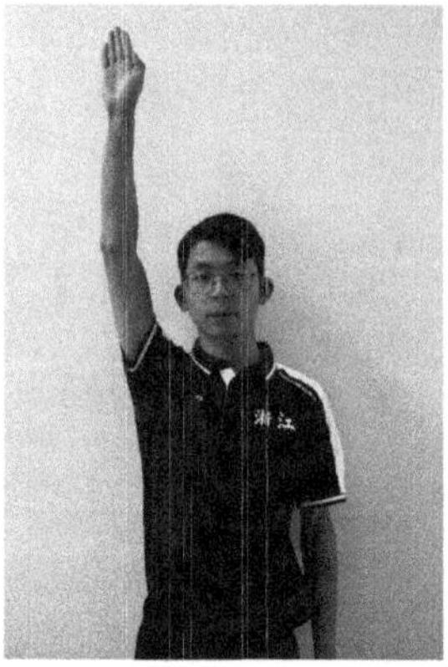

第十三，警告（黄牌）、取消比赛资格（红牌）、书面报告通知（蓝牌）手势：

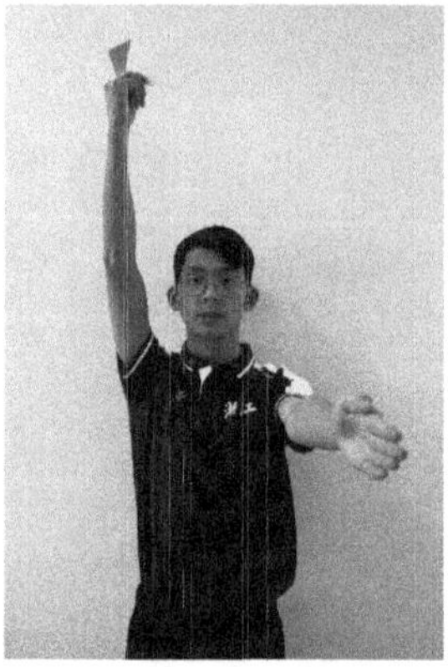

第十四，罚出场两分钟手势：

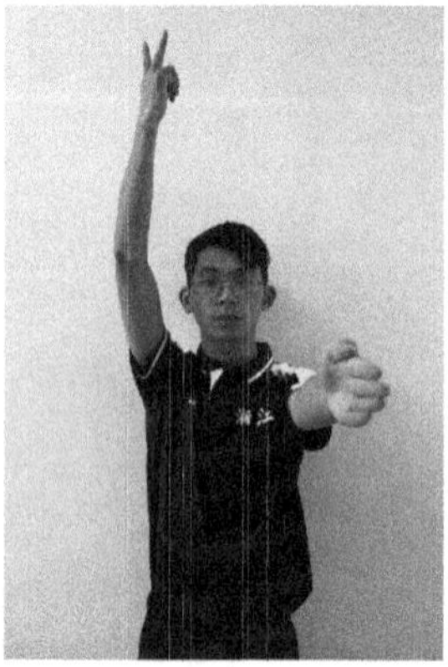

第十五，暂停手势：

第十六，暂停时允许（有资格参赛的）两人进入场地手势：

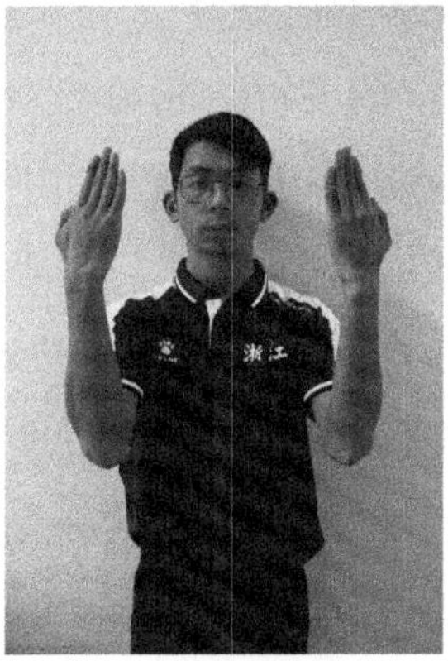

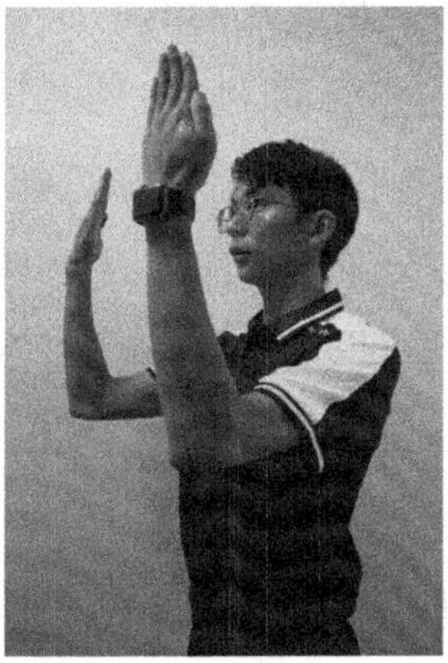

第十七，对消极比赛的预警手势：

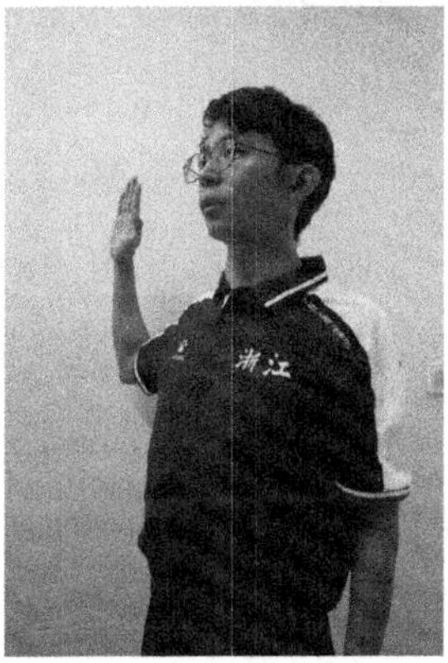

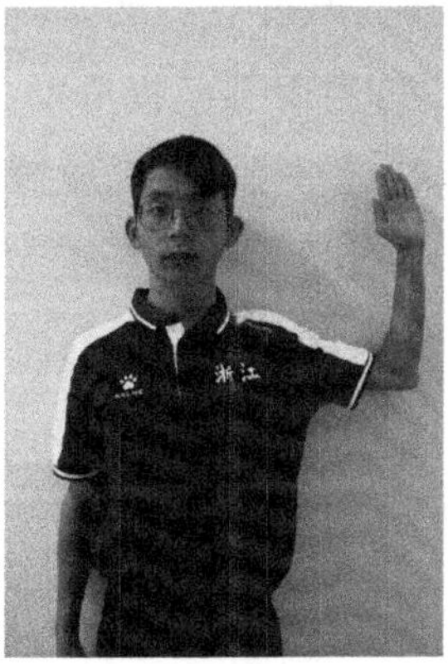

三、幼儿足球

足球以脚为主，控制与支配球，两支球队按照一定规则在同一块长方形球场上互相进行进攻、防守对抗。目前，足球是学术界普遍较为认同的幼儿动商教育的载体之一。

1.幼儿足球教育的价值

对于动商教育而言，幼儿期是重要的启蒙期和奠基期。开展幼儿足球运动，不仅可以有效激发幼儿的运动兴趣，还可以有效培养幼儿的运动习惯，同时在幼儿参与足球运动过程中，对其意志品质的形成和身体素质的提高等都有促进作用。

第一，幼儿足球运动有助于幼儿身体素质提升。

随着社会的不断进步，幼儿足球、篮球、游泳、轮滑等幼儿体育专项课程在幼儿园中普及。足球运动需要参与者在不断移动中完成相关的控球、射门以及防守动作，因此对于幼儿的走、跑、跳、踢等动作的掌握与综合运用有重要的促进作用。同时，在完成上述动作的过程中，幼儿的灵敏性、协调性以及反应能力得到提高。足球运动有助于全面提高幼儿的成长速度、力量和耐力、灵敏度、爆发力、柔韧性等身体素质。

第二，幼儿足球运动有助于幼儿智力快速发展。

在足球运动过程中，不仅需要幼儿的身体参与，还需要幼儿进行相关的思维活动。通过开展足球运动，可促进幼儿思维的发展，使其灵活处理各种问题，进而不断提升幼儿解决问题的能力。足球运动有助于幼儿认识世界、增长知识、发展智力。如幼儿在跑步、踢球、传球过程中能很好地促进视觉和观察力的发展。再如在足球比赛中，幼儿需在技术运用中具备一定的思维完整性和预见性，在进攻中兼顾防守，在防守中又寻机进攻，个人跑位、协同配合要注意队形上的严密性。

第三，幼儿足球运动有助于幼儿意志品质培养。

意志品质是指构成人意志的诸因素的总和。以规则意识培养为例,在足球教学过程中,教师通过足球活动的讲解和示范帮助幼儿逐渐明白游戏的具体规则,从而促进足球活动的顺利开展。幼儿建立初步的规则意识后,对其今后遵守规章制度有积极作用。

2.幼儿足球教学的内容

从体育学科角度来看,幼儿足球课程的教学内容主要包括基本运动能力发展、足球基本技能学习、游戏比赛、心理和社会发展四个方面。亚里士多德提出儿童要进行年龄分期教育:3—4岁顺其自然,启蒙性引导,保护健康及身体发育为主;4—5岁通过游戏进行身体活动,以培养兴趣为主,少做技能型活动;5—6岁适当地开始幼儿技能练习,主要以习惯养成为主。因此,幼儿足球课程内容开发方面应以游戏为主,将游戏与足球运动有效地融合在一起,让孩子在快乐的足球游戏中发展,在启蒙幼儿足球兴趣、形成足球基本技能的同时,达到更深远的教育目标。

幼儿足球各年龄段教学内容,主要涉及基本运动能力发展、足球基本技能学习、游戏比赛、心理和社会发展四个方面,分列如下:①

3—4岁(小班):①走、跑、跳、攀爬、平衡性练习、协调性练习;②拍球、双手抛球、夹球跳、运球、踢球;③平衡性游戏、变向跑游戏、单人和双人足球游戏;④专注力、观察能力、自信、快乐、运动兴趣。

4—5岁(中班):①跑、跳、跑跳组合、变向跑、转身跑、协调和灵活性练习、反应;②抛接球、带球跑、脚内侧踢球、脚背踢球、脚掌停球、射门;③躲闪游戏、变向和变速跑游戏、双人或多人球性球感游戏;④专注力、观察能力、自信、快乐、运动兴趣、初步的合作与规则意识。

5—6岁(大班):①跑、跳、跑跳组合、急停、急起、转身跑、变速跑、灵敏性、协调性、反应速度、力量和耐力、柔韧性;②拉球、扣球、脚背颠球、跳踩球、带球转身、变向运球及过人、正脚背踢球、脚内侧传接球、射

① 徐兴国,解宏燕,芦毅恒.儿童学习与发展视野下幼儿足球游戏课程的思考与构建[J].南京体育学院学报,2020(11):58-64.

门；③原地跳转游戏、躲闪游戏、变向和变速跑游戏、发展身体素质游戏、协调性灵活性游戏、双人或多人球性球感游戏、小场地足球比赛；④专注力、观察能力、自信、自主、自尊、快乐、兴趣、规则意识、归属感、合作、身体感知与自我保护。

3. 幼儿足球目标与评价

第一，幼儿足球教学目标。

根据《3—6岁儿童学习与发展指南》精神，把幼儿的健康、语言、社会、科学、艺术五个学习与发展领域目标与幼儿足球教育目标相互融合，设计幼儿足球游戏课程五个领域的目标，分列如下：①

（1）健康领域：

身心健康维度：①幼儿具有健康的体态，身高和体重适宜。②通过足球游戏课程学习，幼儿能够具有一定的情绪自我调节能力，在活动中能够初步做到情绪安定愉快，有安全感和信赖感，学会恰当表达和调控情绪。③通过室外足球游戏和比赛活动，幼儿的体质健康水平和对季节变化、环境变化的适应能力能够得到不断提高。

动作发展维度：①通过足球游戏课程学习，幼儿的平衡性、协调性、灵敏性、速度、反应等基本身体素质得到有效发展，幼儿基本运动能力得到全面提升。②在室外足球游戏课程学练中教师要能关注幼儿的力量和耐力素质的发展，幼儿的体能水平能够逐步提高。③幼儿能够掌握基本的足球运动技能和比赛方法，能够有效参与足球游戏和比赛活动，在活动中能够合理运用所学的技术、技能；幼儿未来球类操控能力的发展具备较好的基本技能储备。

生活习惯与生活能力维度：①通过足球游戏课程学习，幼儿能够逐步养成积极参与体育活动的良好生活习惯。②在足球游戏和比赛活动中，幼儿能够做到运动出汗了，主动脱去外衣，感觉冷了就会自己把外

① 徐兴国，解宏燕，芦毅恒．儿童学习与发展视野下幼儿足球游戏课程的思考与构建［J］．南京体育学院学报，2020（11）：58-64.

衣穿上，避免受冻，能够自己准备比赛运动装备，具有基本的生活自理能力。③幼儿在足球游戏和比赛中能够遵守规则，不做危险动作，避免给自己或他人制造伤害，具备基本的安全知识和自我保护能力。

(2)语言领域：

倾听与表达维度：①幼儿在室外足球游戏教学活动中能够做到认真听讲，能听懂教师的常用语言，听不懂时能够主动提问，初步形成良好的学习习惯。②幼儿在室外足球活动中能积极参与游戏规则的制定，活动评价讨论时能主动讲话，能清楚地表达自己的意见，能够清楚地复述老师讲的游戏规则，能够与老师或小朋友进行语言交流，对小伙伴表现出色的地方能表达清楚。③幼儿在足球游戏和比赛活动中能够具有尊重规则、尊重他人的意识，胜不骄、败不馁，不讲脏话，逐步养成文明的语言习惯。

阅读与书写准备维度：①幼儿喜欢听足球故事，看足球运动的视频和足球漫画。②幼儿能够对足球小报、漫画等足球文化宣传内容具有初步的阅读理解能力。

(3)社会领域：

人际交往维度：①教师在足球游戏活动中创设幼儿互动交往的情境，使幼儿能够养成愿意与人交往的能力和习惯。②教师能够利用足球游戏具有一定的竞争性和对抗性的特点，使幼儿具有与同伴友好相处的能力和习惯。③教师能够鼓励幼儿在足球游戏和比赛活动中敢于表现自我，使幼儿能够展现自己的足球技能，具有自尊、自主、自信的表现。④在游戏和比赛活动中，教师要创设教学互动的情境，为幼儿关心尊重他人创造实践的机会，并能及时给予幼儿支持与肯定，使幼儿具有关心爱护同伴的意识。

社会适应维度：①通过参与足球游戏和比赛等集体性体育活动，让幼儿能够体验到和大家一起玩耍的乐趣，喜欢参与集体活动，具有适应群体生活的能力。②在游戏和比赛活动中，遵守规则是活动正常进行的基本保障,活动中每一位幼儿都必须遵守游戏和比赛规则;通过规则的约束逐步使幼儿具有规范行为和规范意识。③教师能够在游戏和比赛中创设幼儿团队协作运动的情境,使幼儿具有集体主义精神,具有初步的归属感。

(4)科学领域:

科学探索维度:①教师要利用幼儿园天然的场地资源,开展足球游戏活动,使幼儿能够亲近自然,不断探索。②通过学习不同脚法踢球,幼儿能够体会踢高球和踢地滚球的不同脚法,学会思考,具有初步的探索能力和习惯。③在足球游戏课程的学习中,通过对球的大小、轻重,球门的大小对射门的影响,以及场上人数优势等游戏活动中存在的现象,教师能够引导幼儿进行思考,使幼儿具有在探究中认识周围事物和现象的能力和意识。

数学认知维度:①幼儿能够初步感知足球游戏活动中数字的有用和有趣。②在设计足球游戏活动时,场地器材的安排要科学合理,教师要充分利用活动场地的大小、球门和球的数量、幼儿分组的人数、标志盘和标志桶的数量、比赛进球数统计等对幼儿数学认知的影响,通过活动体验使幼儿能够感知和理解数、量及数量的关系。③在足球游戏活动中射门是幼儿最喜欢的练习,通过提出球门大小对射门练习的影响,守门员防守地滚球和空中球的不同方法的采用等方面的问题,使幼儿能够做到积极实践和思考感知形状与空间的关系。

(5)艺术领域:

感受与欣赏维度:①在游戏和比赛活动中,教师要善于表扬运动能力强、动作规范漂亮的同学,吸引同伴的眼球和注意力,在这个过程中,幼儿能够形成欣赏运动美感的意识和能力,例如:某某同学跑得快,某某同学踢球力量大,踢球踢得远,他们的动作是具有运动美感的,使幼儿逐渐形成发现和喜欢生活中美的事物的能力。②通过幼儿园足球文化宣传画廊、画册、雕塑等足球文化环境的影响,幼儿能够形成欣赏多种多样的足球文化艺术形式和作品的能力和意识。

表现与创造维度：①通过幼儿园开展的足球故事演讲、足球漫画创作、足球儿歌演唱、足球操表演等活动，幼儿能够形成参与艺术活动的能力并能够大胆表现。②通过足球绘画展示、足球故事表演、足球嘉年华等活动，幼儿能够形成初步的艺术表现与创造能力。

第二，幼儿足球教学评价。

幼儿足球课程的评价主要以游戏活动过程性评价为主，游戏活动的"精神""形式""内容"是课程过程性评价的重点。课程过程性评价由评价对象、评价指标、评价要素、评价结果(权重/得分)组成。具体内容如下：[①]

(1)教师：

目标定位：①活动目标明确，符合幼儿年龄特点、已有经验和发展需要，能体现领域活动的特征。②有机整合情感、态度、能力、知识技能等方面的发展要求。(每个要素5分)

内容选择：①贴近幼儿生活，既符合幼儿的现有水平，又体现一定的挑战性，有助于拓展幼儿的经验。②利用开发教学资源，活动容量合理，突出重点，体现学科性、可行性。(每个要素5分)

过程指引：①以亲和的态度和灵活的活动形式构建安全、平等、温馨、丰富的学习环境。②善于创设情境、激发幼儿积极的求知欲望、好奇心与探索欲望。③充分保障幼儿自主探究式学习的时间与空间。④提供适宜的活动设施、材料，组织指导幼儿积极开展自主探究、交流。⑤教学基本功扎实，教学语言生动活泼，简洁流畅，富有启发性和感染性，有利于激发幼儿主动学习的兴趣和热情。⑥教学思路清晰，环节分明，张弛有度，能恰当运用多元化的教学方法和手段，采用适宜的指导策略，形成有效的师幼、幼幼互动。⑦关注幼儿在活动中的表现和反

① 徐兴国，解宏燕，芦毅恒．儿童学习与发展视野下幼儿足球游戏课程的思考与构建[J]．南京体育学院学报，2020 (11)：58-64.

应，能灵活调整活动进程与指导策略。⑧尊重幼儿的个体差异，对幼儿的评价有利于促进幼儿的学习与发展。(每个要素5分)

(2)幼儿：

活动表现：①态度积极、轻松愉快，乐于参与活动，情绪稳定，有安全感。②对活动内容、环境、材料、方式有兴趣，会利用环境和材料资源学习。③积极主动、专注地参与探索、操作、讨论、表述等活动过程。④较好地理解、执行游戏规则，活动量合理，基本运动能力得到发展，足球技能得到提高。⑤愿意与同伴分享经验、意见和感受，有需要时会与同伴合作。(每个要素6分)

活动成效：①活动中有自信的表现和成功感。(3分)②获得与活动内容相关的新经验、新体验，在经验、能力和智慧等方面有所发展。(3分)③在基本运动能力发展和足球基本技能的掌握方面有属于个体的新收获。(4分)

上述满分100分。实际得分，90分以上为优秀，75分以上为良好，60分以上为合格。

4. 幼儿足球开展的建议

幼儿园是对幼儿足球规范化教育的初级阶段。在幼儿园足球开展上，有以下四个方面的建议：

第一，幼儿足球运动要坚持立德树人。

足球运动是一项涵盖足球文化、足球精神、足球技能、足球规则等多元素的运动，幼儿园教师需要结合幼儿身心健康的发展特点，用客观、理性、科学的态度去思考幼儿足球运动的有效开展，在足球活动设计中融入我国的传统文化，落实立德树人的根本任务。

第二，幼儿足球运动要重视游戏设计。

游戏化教学是实现幼儿“玩中学、学中玩”最好的方式。学龄前儿童的运动应符合其身心发育特点，以愉快的游戏为主要形式。幼儿园教师要基于足球运动特点和幼儿身心发展水平，强化教学中足球游戏的设计，做到“四要”：一要体现“幼儿主体”，这是幼儿足球教学中所有游戏设计的根本目标和出发点；二要彰显浓厚趣味，这是幼儿足球教学所有游戏设计成功的前提；三要基于幼儿游戏经验，将幼儿喜欢的日常游戏因素通过重新编制融入足球游戏运动；四要符合幼儿身心发展规律，如3—4岁的幼儿足球游戏内容主要是一些启蒙性的游戏，4—5岁幼儿足球游戏内容主要是一些趣味性的游戏，5—6岁幼儿足球游戏内容主要是一些基础技能的游戏。

第三，幼儿足球运动要运用多种教法。

3—6岁是培养运动兴趣的关键期，这一时期幼儿的好奇心强，模仿能力强，动作发展和身体增长较快，在运动的平衡、协调、灵活、柔韧和力量等能力上不断增强与完善。因此，在以足球运动为载体的幼儿动商教育中，教师必须要充分重视教法运用的多样化，从而最大限度地提高幼儿身体的各项潜能。如教学中教师可以运用探究体验、角色扮演、情景模拟的教学方法，采取自主思考、小组合作、集体对抗等教学组织形式，使幼儿感受足球运动带来的开心、自由、合作、挑战、快乐、健康，促进幼儿间的情感交流与相互合作，培养幼儿团结、乐观、拼搏、冷静、智慧、勇气等良好的品质。

第四，幼儿足球运动要夯实师资建设。

目前，我国的幼儿园教师多数为女性，她们的运动兴趣和运动能力相对于男性教师来说要低，这种情况间接影响了幼儿对足球的兴趣，降低了开展足球运动的可行性。幼教足球师资是幼儿足球发展的开拓者和先行军。相关师资的严重匮乏，不但影响了幼儿身心的健康发展，还严重影响了我国少年足球的建设，阻碍了足球发展规划的进程。有些幼儿园通过请校外足球教练的做法解决园内足球专业教师匮乏的问题，但是其不懂幼儿专业知识，在实际教学中可能存在违反幼儿身心发展规律的操作，导致教学效果不佳。因此，幼儿园要多途径、多方法夯实幼儿足球师资建设。如通过幼儿教师聘用机制的改革，坚持引进专业人才,完善足球师资队伍补充机制,增加师资数量。幼儿园还可以组织相关教师参加校外足球培训,或邀请足球训练专家进校培训指导,逐步解决幼儿足球师资不足的问题。

四、幼儿舞蹈

舞蹈是以有节奏的动作为主要表现手段的艺术形式,一般有音乐伴奏,使用身体来完成各种高难度或优雅的动作。幼儿舞蹈是由儿童表演或体现幼儿生活的舞蹈,特点是边歌边舞,形象直观,易于被儿童理解和接受。

1.幼儿舞蹈的教育价值

第一,幼儿舞蹈有利于审美提升。

幼儿是教育启蒙的对象,在幼儿期对其进行美育,帮助幼儿树立正确的人生价值观,形成良好的思想品德,将为各项育人计划的高效执行打下坚实的基础。幼儿天性活泼且创造力极强,让他们参与形式多样的舞蹈训练活动,学习优美的舞蹈动作,是提升幼儿审美能力的必要举措。在练习舞蹈过程中,孩子们的身型更加匀称,刚柔融于一身,展示自身的完美形态。

第二,幼儿舞蹈有利于身体发育。

舞蹈以经过提炼、组织、美化了的人体动作为主要艺术表现手段,是一种空间性、时间性、综合性的动态造型艺术。在构成舞蹈的诸要素中,动作是居于首位的,舞蹈以动作为重要表现手段。幼儿经常参加生动活泼的舞蹈课,可以增长他们的体力,促进幼儿骨骼、肌肉、呼吸系统、神经系统和循环系统的生理机能发育,加快幼儿新陈代谢,使他们的肌体不断生长发育。

第三,幼儿舞蹈有利于陶冶情操。

一个人的性格是在长期的生活实践中,受到社会的各方面的影响和多方面的教育,长期塑造而成的。幼儿园开展良好的舞蹈教育,使幼儿在轻松、活泼、愉快的环境中通过身体动作去感受音乐形象，通过表情、动作表达自己的思想感情，易使幼儿形成活泼、开朗、热情、大方的性格。因此，幼儿舞蹈是幼儿形成良好性格的重要工具。

第四，幼儿舞蹈有利于品质培养。

孩子们在舞蹈练习过程中，时常会有困难或疲倦，在教师的鼓励和引导下，克服困难，规范动作，在此过程中培养了克服困难的坚强意志，增强了自觉性和自律性。幼儿阶段的舞蹈是孩子在以自己独有的天真、活泼的个性去表达和反映自己内心所感知到的外在世界，以及幼儿自己的世界和生活，是孩子自身对未来生活的真切追求和憧憬。优秀的舞蹈教育不仅能够引导幼儿提升自身的精神境界，还能够起到培育幼儿团结、友爱、互助等多种优良品德的教育作用。

2.幼儿舞蹈的教学建议

舞蹈是中职幼儿保育专业学生的必修课，是幼儿园教师必须具备的基本素养之一。通过幼儿舞蹈相关理论知识以及技能的掌握，幼儿保育专业学生在未来幼儿园教学活动开展中将得心应手，因此，在校学习期间要以一名幼儿园教师的标准要求自己，掌握相关的幼儿舞蹈教学能力。

很多幼儿教师在带领幼儿进行舞蹈教学的时候，一般都是按照自己的想法来教，会在长时间内重复同样的教学方式和教学内容。幼儿是比较情绪化且喜欢新鲜感的，幼儿教师若一味重复，时间久了不仅会让幼儿失去对舞蹈的兴趣，甚至会导致幼儿的厌学心理。因此，在幼儿舞蹈教学能力上，要掌握多种教学方法，下面列举一些方法。

第一，利用幼儿喜欢看动画片的特点，教师选择一些小动物在跳舞的画面，在上课的时候播放给幼儿看。当幼儿对播放的内容产生兴趣的时候，幼师就可以问幼儿想不想要跟小动物跳同样的舞蹈呢？最想扮演哪一个小动物呢？为了给予幼儿更加有趣的体验，幼师可以让幼儿自己动手画出自己想要扮演的小动物的头像，做成发卡，戴在头上，再去开始跳舞，从而创建一个和谐的舞蹈环境，鼓励更多的幼儿参与。幼师在选择视频的时候，选一些画面可爱且有感染力的视频，有事半功倍的效果。

第二，利用多人舞蹈、独舞或者是小组合作的舞蹈，给予幼儿更多展示自己的机会。鼓励幼儿在现有的舞蹈形式上进行改编，或者是创造一个完全属于自己的全新舞蹈而分享给班级里的其他幼儿，提高幼儿参与舞蹈课堂的兴趣。当幼儿分享完自己的舞蹈的时候，幼师在第一时间给予表扬，让幼儿能够感受到喜悦，激发幼儿前所未有的成就感和对于舞蹈巨大的兴趣。幼师也可以让幼儿自由组合进行创作，让每一个幼儿的特长都能得到充分发挥。

第三，针对性格内向、腼腆而不愿意在别人面前跳舞的幼儿，教师不要去逼迫幼儿，而要一点点地加以引导。可以先用集体舞的形式来让幼儿拥有一定的舞蹈基础，然后让幼儿自愿上台表演自己的舞蹈。教师可以让一些性格比较外向的幼儿营造一种热闹的氛围，去感染比较腼腆的幼儿。幼师发现腼腆的幼儿有想要表现的欲望的时候，应该及时给予鼓励，让幼儿能够对自己有信心，敢于迈出第一步。

第四，通过在教室墙上贴民族舞经典动作的图片，引导幼儿在课间自主学习模仿图片上的动作并了解民族舞的特点；通过展示民族服装，教幼儿识别民族特点，并且结合舞蹈动作特点来介绍服装，让幼儿通过辨识服装而了解民族舞蹈的特点；通过增加扇子、手帕、长绸、手鼓、花灯、花伞等道具，使幼儿直观感受不同民族的文化。

第五，通过故事化、情境化、形象化和拟人化的表达，让幼儿进入一种充满想象的多姿多彩的世界，感知文化、感知美、创造美。如教师说："小朋友们，把自己的两条腿想象成笔直的指挥棒。今天练习旁开腿。每一个小朋友都是指挥家，请大家用自己笔直的'指挥棒'，指挥出最动听的乐曲。这时候一定要注意把腿伸直，记住要绷住脚尖，保证我们的'指挥棒'笔直有力。比比谁的'指挥棒'最直、最有力，看看哪个'小指挥家’能最自信地指挥出‘悦耳的旋律’。”

第六，利用游戏情节进行舞蹈教学。如在《两只老虎》舞蹈动作进行游戏化编排时，教师可以在每个同学的额头贴上“王”字，让小朋友有意识地想象自己是一只老虎。舞蹈动作以简单的头、手以及脚三个部分为主。前奏部分：双手随节奏拍手、点头，模仿静态的老虎；第一个八拍：双手食指、拇指伸直，手肘弯曲后上伸，伸左脚，模仿老虎起身；第二个八拍：双手曲肘夹在腰部，前后摆动，做小跑步，模仿老虎跑步；第三个八拍：双手五指张开遮眼，伸左脚，模仿老虎跑步；第四个八拍：按节奏拍手，双手打开，伸左脚，模仿老虎跑步。这些简单的动作组成了一个小的舞蹈，具有简单的游戏情节，能够激发其学习舞蹈的兴趣。

第七，根据幼儿穿衣吃饭的场景，借助舞蹈道具（洋娃娃）来创编舞蹈，以幼儿熟悉的“过家家”场景设计幼儿为洋娃娃穿衣、喂饭、抱洋娃娃转、轻轻抚摸洋娃娃背部、摇摇篮等动作。这样的舞蹈动作容易激发幼儿的学习兴趣，使其尽快融入舞蹈训练中。

综上所述，舞蹈是幼儿动商教育的重要载体之一，掌握幼儿舞蹈创编和教学的相关能力对于提高幼儿保育专业学生的就业能力意义重大。无论是在校学生，还是在岗幼儿园教师，都应重视幼儿舞蹈。

第四节　幼儿动商教育的建议

幼儿教育工作的有效开展，对于幼儿的成长过程而言，具有举足轻重的地位。动商教育伴随着幼儿发展的整个过程。因此，我们必须深入探析幼儿动商教育的方法与路径。开展好幼儿动商的教育，需要家长、学校及社会的全方面参与。

一、给家长的建议

幼儿动商教育是实现终身体育的基础，家庭动商教育是保障幼儿动商可持续发展的关键要素。家庭环境是幼儿重要的生活环境，在幼儿运动习惯养成方面起着引导和示范作用。实践证明，幼儿对某项运动难以产生兴趣，在一定程度上与其生活的家庭环境有关。

家长要高度重视幼儿动商教育，营造一个良好的家庭运动氛围。家长要积极用自己的实际行动，激发幼儿参与运动的热情。如晚饭后（间隔不少于30分钟），一家人可以一起到户外散步或者跑步。利用双休日或节假日，家人一起到户外开展体育锻炼，锻炼过程中家长与孩子之间相互监督、相互鼓励，从而让运动锻炼成为家庭生活的一部分。

家长要通过不断学习，提高自己开展幼儿动商教育的能力。也就是说，家长要对一些体育运动的方法、规律以及注意事项有所了解。只有这样，才能保证家长在开展幼儿动商教育活动中，确保自己的教育行为是科学的、合理的。如掌握幼儿在运动过程中何时要停止锻炼，何时应该补水，某一项运动中针对幼儿要注重哪些问题，等等。家长可以积极主动地和其他家长们进行交流。

二、给教师的建议

教师教学水平的高低与动商教育效果的好坏有直接关系。当前制约幼儿园动商教育效果的重要因素在于专业教师的缺乏，以及教师专业素养有待提高。通常，在幼儿园开展幼儿的动商教育活动可以围绕两个方面开展：一是体育活动；二是体育游戏。体育活动主要涵盖早操等户外体育活动；体育游戏则是以户外游戏为主。实践证明，在构建体育活动和体育游戏时，教师必须充分考虑幼儿的认知发展水平，这样才能有针对性地设计好、组织好幼儿体育活动和幼儿体育游戏。幼儿园教师要不断丰富自己的动商理论知识，还要加强理论与实践的有效结合。

作为幼儿动商教育的践行者，我们要在幼儿心底埋下健康的种子，还要通过合理的教学设计让幼儿掌握相关运动的基本方法和基本要求。这就需要幼儿园教师能够选择合理的教学方法和有效的教学组织形式。幼儿教师要善于从实践活动中总结成功的经验，在以后的教学中不断优化。随着大数据技术的飞跃发展，教师可以便捷而精准地获取专业知识。如针对不同运动能力水平的幼儿而采取分层教学，我们可以在短时间内通过相关数据库找到众多的研究文献进行学习。我们还可以通过相关软件对自己的教学过程进行回看，深入分析，逐渐提高自己的幼儿动商教育水平。

三、给幼儿园的建议

幼儿教育最重要的不是让幼儿学多少知识，而是通过教学让幼儿形成受益终生的能力、品质和态度，培养幼儿的发展潜力。就幼儿动商教育而言，有效提高动商教育的质量，离不开教材的专业性、科学性、合理性及可操作性。实践证明，幼儿动商教育的缺失原因中，教材的缺乏是重要的因素。因此，幼儿园要加大幼儿教育教材的选购或编写。

有很多幼儿园教师面对不同年龄的幼儿不知如何选择幼儿动商教育活动，不知如何设计幼儿动商教育教学。一些幼儿教师将“游戏课”等同于幼儿动商教育课，久而久之，导致幼儿动商教育无序化现象出现。要真正发挥好幼儿动商教育的育人功能，幼儿园就要从动商教材入手，根据幼儿发展规律，把游戏活动和体育活动融入整个幼儿动商教育设计，把动商理念贯穿于幼儿教育的全过程。幼儿园要高度重视幼儿教师的专业培养，要能够有计划、有目的、有过程、有评价地开展相关教育培训。幼儿园可以邀请校外相关专家为教师提供专题培训，也可以组织相关骨干教师以研讨课、观摩课等方式进行交流。幼儿园还要完善相关考核评价制度，以实现对教师的激发与驱动。

四、给宣传媒体的建议

宣传媒体具有导向作用。近年来互联网技术迅猛发展，以移动互联网为载体的新媒体深入社会诸多领域，对人们的生活理念、行为模式、思维方式产生深刻的影响。因此，宣传媒体应通过各自的平台，大力宣传幼儿动商教育的意义与作用，让更多的幼儿教师和家长关注幼儿动商教育，引导家庭与社会参与幼儿动商教育。同时，家长和幼儿园要积极参与幼儿动商教育的宣传，形成家长、幼儿园、社会一体化的幼儿动商教育推广模式，使得宣传媒体发挥巨大的作用。

实践篇

基于幼儿园工作的实际情况，本部分以教学案例为形式，分别对幼儿游戏和幼儿手球的教学实践予以呈现。

第四章　幼儿动商教育之游戏实践

游戏是常见的幼儿动商教育活动。在幼儿动商教育活动设计与组织过程中，幼儿与教师需要根据幼儿不同年龄的特点以及兴趣，选择适合幼儿的游戏，同时注意游戏的复杂程度，根据对游戏过程的观察进行及时的调整。

第一节　小班游戏教学案例

一、小小快递员

【设计者】沈敏(杭州市余杭区闲林海文幼儿园)

【设计意图】以生活中幼儿比较熟悉的“运送快递”创建游戏情境，通过“绕一绕”“碰一碰”等快递员学本领游戏发展幼儿变向跑的能力，同时初步掌握单双手持球跑。

【教学目标】认识手球和球门;增强幼儿变向跑和持球跑的能力;感悟跑的乐趣。

【教学重点】熟练掌握变向跑及单双手持球跑。

【教学难点】掌握单双手持球跑。

【教学准备】红黄绿三色软棍若干,红黄绿球门三个,贴上红黄绿色卡的手球若干,游戏指令卡一套,快递员服装若干。

【场地准备】略。

【教学过程】

快递员,上班啦!

(幼儿跟随教师在欢快的音乐下进场。)

“快递员们,我们一起来活动活动身体。”

(热身运动。)

游戏:“绕一绕”(快递员学本领)。

教师出示单项任务游戏卡。

师幼共同解读游戏卡中的指令“看到软棍绕一绕”。

幼儿根据游戏任务卡的颜色指令进行“绕一绕”游戏。

教师出示双项任务游戏卡。

师幼共同解读游戏卡指令并完成游戏。

游戏:“碰一碰”。

教师出示“碰一碰”游戏任务卡。

师幼共同解读游戏指令“看到球门碰一碰”。

幼儿领取手球,根据游戏的颜色指令完成“碰一碰”游戏。

师幼共同讨论,了解运送快递的注意事项:“我们要把快递送给谁?”“怎样快速地完成送货?”

幼儿尝试单手持球练习。

快递员下班啦!(放松运动。)

“辛苦的快递员们,捏捏我们的手臂,敲敲我们的大腿,放松放松。”

活动延伸:出示交通锥,引发思考:手球和交通锥在一起可以怎么玩?

二、荷花荷花几月开

【设计者】陈香(杭州市余杭区闲林中心幼儿园)

【设计意图】“荷花荷花几月开”这是一个幼儿非常喜欢的集体游戏。参加游戏的人数可以有几十人。此游戏,不仅可以让幼儿尽情地感受大群体在一起玩游戏的热闹氛围,还可以让幼儿学习“数”的概念,充分发展幼儿的想象力、创造力和反应能力。

【教学目标】幼儿巩固有关四季花卉名称的知识;用“××花儿×月开”的结构,大胆而正确地说出各种花儿的名称及其开放的月份;提高幼儿的听说能力,激励幼儿愉快轻松地游戏。

【教学准备】仿制的荷花一朵;收集有关花卉知识。

【教学过程】

教师出示荷花,并通过语言提示,吸引幼儿的注意力,引导幼儿熟悉游戏儿歌，激发幼儿的兴趣。

师：这是什么？你知道荷花是几月开的吗？

师：下面请小朋友来问，荷花姑娘会自己告诉你们的。

大家一起问："荷花荷花几月开？"

师："一月不开二月开。"

幼儿继续问："荷花荷花几月开？"

师："二月不开三月开。"

…………

直到七月荷花全部开时，教师提示幼儿将两手掌相靠，摆出花瓣状，表示荷花全部盛开。

师：今天我们一起来玩一个"荷花荷花几月开"的游戏。

教师向幼儿介绍游戏的规则：儿歌念至"七月荷花全部开"时，拿到荷花的小朋友上来扮花仙子，其他幼儿蹲下双手摆成花瓣状。

集体提问，个别幼儿轮流回答并相互传递荷花。

花仙子必须向同伴小荷花发问："什么花儿×季开？"

小荷花必须回答，回答正确，花仙子就将荷花递给他（她），游戏继续进行。若回答不正确，则停止他（她）游戏一次，由他（她）旁边的同伴代替回答，游戏重新进行。

教师扮演花仙子，采用个别提问和集体重复练习的形式，帮助幼儿巩固加深对一年四季花卉名称的了解，练习游戏中的语言。

师："什么花儿春天开？"

幼儿答："迎春花儿春天开。"

师："什么花儿夏天开？"

幼儿答："石榴花儿夏天开？"

…………

鼓励幼儿说出四季中的多种花卉。

教师指导个别幼儿进行轮流传递荷花的游戏活动，让全体幼儿能够清楚地了解游戏的全过程。

请八位幼儿到前面，将荷花交给第一位幼儿。

大家一起问："荷花荷花几月开？"

第一位幼儿边答"一月不开二月开"，边将荷花交给第二位同伴。

大家一起再问："荷花荷花几月开？"

第二位幼儿边答边将荷花交给第三位同伴。

如此反复，传给了第七位幼儿，他边说"七月荷花全部开"，边走到前面去扮"花仙子"，举起荷花，其他幼儿蹲下做开花状。

"花仙子"问第八位幼儿："什么花儿春天开？"

第八位幼儿答："桃花春天开。"花仙子将荷花交给他，一轮游戏结束。

【教学反思】整个活动主要以游戏的形式进行。在游戏的过程中，幼儿的积极性很高，氛围比较好。幼儿能积极参与活动。利用提问的形式，给幼儿说话的机会。照顾全体，人人参与。

三、快乐小沙包

【设计者】史磊（杭州市余杭区闲林海文幼儿园）

【设计意图】民间游戏是民族文化的重要组成部分，充满着童趣和纯真。通过"快乐小沙包"游戏，培养幼儿参加体育游戏的兴趣，鼓励幼儿大胆创造玩沙包各种不同的方法。让幼儿体验彼此间的信任，学习相互支持与鼓励。让幼儿在游戏中体质得到锻炼，能力得到培养。

【教学目标】发展幼儿的创造力，体会民间"快乐小沙包"游戏的乐趣；提高幼儿逻辑思维以及投掷、平衡的能力。

【教学准备】自制若干沙包。

【教学过程】

师幼听音乐，拉伸肌肉。

师：沙包有几种玩法？

幼儿回答。

幼儿尝试各种玩沙包，教师在一旁引导。

接包游戏：请两名幼儿为击包人，每人取沙包九只。请数名幼儿为接包人。击包人站在线后击包。接包人在一定范围内躲闪击来的沙包，不让沙包击中身体的各部位，同时努力接住击来的沙包。

抛沙包：教师引导幼儿两腿夹住沙包，跳起将沙包抛向放置在地上的障碍物或挂着一定高度的目标，看谁抛中的次数多。

顶沙包：规则为头顶沙包半蹲拍球，或沿平行木走，沙包不掉为胜。幼儿分为四组练习。

互相抛接：规则为两人一只沙包，你抛我接，我抛你接。等幼儿抛接动作熟练后，两人两只包同时抛接。将幼儿分成四个小组，两组为一个大组，引导幼儿游戏。

背驮沙包：将幼儿分成四组，引导幼儿背上驮1—2只沙包，弯腰走到指定地点。

蚂蚁运粮：让幼儿扮蚂蚁分成若干运粮队。每队蚂蚁躺在垫子上，用双腿夹住粮袋（即小沙包），将粮食从头的上方传递给第二只蚂蚁，第二只蚂蚁夹住第一只蚂蚁传过的粮袋，依次传下去，以先运到目的地的为胜。

教师总结：玩了那么多，沙包都累了，我们是不是也有点累了？听音乐，放松放松，回活动室。

【教学反思】活动中，幼儿个个像勇敢的小战士，通过游戏活动发展了幼儿双手的灵活性以及巧用手劲的能力，同时培养了幼儿跳、躲、平衡走和幼儿间相互合作的能力。活动中，幼儿体会了民间游戏的无限乐趣，增强了幼儿的动作技能。

四、小老鼠上灯台

【设计者】沈琦丹（杭州市余杭区闲林海文幼儿园）

【设计意图】本游戏培养幼儿从高处往低处跳的勇气，促进幼儿腿部肌肉力量发展，提高身体协调性，增强幼儿自信心，同时鼓励幼儿积极动脑想出椅子的多种玩法，让幼儿乐于参加体育游戏。在游戏结尾，设计让幼儿自己搬小椅子回教室，旨在锻炼幼儿的自理能力，懂得自己能做到的事情自己做。

【教学重点】发展幼儿“跳”的能力以及自控能力。

【教学难点】遵守游戏规则。

【教学准备】老鼠、猫头饰各一，椅子21张。

【教学过程】

（课前准备：将椅子拼成独木桥状“HHHH”、障碍物状‘FFFF’。）

师：瞧！老师把椅子带出来了。今天我们就用椅子做游戏。小朋友们先看看老师是怎么玩的。

师：（示范游戏玩法）我先爬过大森林，再绕过一条条小河。

师：小朋友们想不想跟着老师一起玩？

师：我们排成队，跟着老师出发吧！

（带领幼儿游戏2—3次。）

师：椅子除了可以这样玩，还可以怎么玩啊？下面请小朋友们自己想办法用椅子做游戏！

重点练习从椅子上面向下跳。（教师要注意，保障幼儿安全。）

（幼儿自由玩，教师与幼儿一起探索椅子的多种玩法。）

师：我看到一个小朋友玩的方法很好。我们一起看看他是怎样玩的。

（请个别幼儿示范玩法）

师：你们会不会这样玩呢？好！我们来试一试。

师生共同玩游戏“小老鼠上灯台”。

儿歌：小老鼠上灯台，偷油吃下不来，喵喵喵猫来了，叽里咕噜滚下来。

教师讲解游戏规则：全体幼儿和教师扮小老鼠，站在椅子上唱儿歌，儿歌唱完后，跳下椅子，这时猫来了，幼儿定住不动，否则就会被大花猫捉走。待大花猫走后，重新做游戏。幼儿和教师一起玩游戏2—3遍，教师提醒幼儿一定要等唱完儿歌最后一句再跳下来。请一名幼儿扮猫，再游戏2次。

师：小朋友们刚才完成得真不错，现在坐下来休息一下吧。

（跟着老师做放松运动。）

师：我们自己搬着小椅子回去啰。

（示范搬椅子的动作。）

【教学反思】通过教学实践，发现幼儿喜欢探索椅子的玩法，想出了多种玩法，如把小椅子当作小车一样推，把椅子当作轿子一样抬，有的小朋友在椅子四周绕圆圈，等等。在做游戏"小老鼠上灯台"时，多数幼儿积极参加游戏，并且能够做到勇敢地从椅子上跳下来，个别幼儿不敢从椅子上往下跳，在经过小朋友和老师的鼓励后，勇敢地跳了下来，并且越来越熟练。在游戏过程中，对不遵守幼儿规则的小朋友就会停玩一次，让幼儿明白要遵守游戏规则。游戏结束时，要幼儿自己搬椅子，锻炼幼儿的自理能力，懂得自己能够做到的事情自己做。

五、红灯绿灯亮

【设计者】童美芳（杭州市余杭区闲林海文幼儿园）

【设计意图】民间体育游戏"红灯绿灯亮"具有浓厚的趣味性，玩法简单易学，不受场地限制，随处可玩。游戏内容与幼儿的日常生活紧密联系，适合小班幼儿开展。本活动采用"大带小"的方式，为幼儿创设一个宽松、平等、自由、和谐的氛围，让幼儿在愉快的民间体育游戏中体验快乐，练习听指令在规定的范围内走或跑。

【教学目标】知道"红灯停，绿灯行"的交通规则；练习听指令在规定的范围内走或跑，培养幼儿的反应能力；让幼儿在愉快的民间体育游戏中体验快乐。

【教学重难点】感受民间游戏的快乐，在游戏中遵守规则。

【教学准备】事先请4名大班孩子；宽敞的游戏场地；红灯牌子、绿灯牌子。

【教学过程】

（情境导入：让幼儿扮演小司机，进入游戏场地。）

师：今天，老师要带你们去做游戏。我们开着小汽车出发。

（幼儿手持方向盘。）

师：嘀嘀，叭叭，看到红灯停一停。来，我们继续向前开。嘀嘀，叭叭，看到绿灯向前开。嘀嘀，叭叭，好，到停车场了。男孩子停这边，女孩子跟老师停到这边来。小汽车都停好哦。

师：刚才小朋友们都当了文明的小司机。现在老师要和小朋友玩一个很好玩的游戏，叫"红灯绿灯亮"。你们想不想玩啊？我们来请哥哥姐姐们教我们玩，好不好？

（教师介绍游戏玩法。）

师：看那边有条什么线？（红线。）这条红线叫安全线。哥哥姐姐们把小汽车开到安全线后面停好。这时候，老师来当交通警察，老师会转过身去念口令，当老师喊：红灯绿灯停，哎，哥哥姐姐在干什么啊，老师喊红灯绿灯的时候，他们怎么样？（往前开。）当老师转过身来喊亮的时候，哥哥姐姐停下来了。有没有动啊？（没有。）如果动了，就要回到安全线重新开。还有啊，被交通警察抓到的话，就要学一种小动物叫。

（教师组织幼儿集体游戏。）

师：来，小司机们，把小汽车开到安全线的后面。游戏开始！

（进行2次。）

师：现在啊，我们要提高难度了。这次啊，我的口令节奏有变化了。当老师的口令念得慢的时候，我们的动作就慢；当口令念得快的时候，动作要快。

师：老师也想来当一回小司机。那老师请一位小朋友来当交通警察。我们请这位姐姐来当交通警察。

【教学反思】对于小班来说，游戏是他们最喜欢的活动了。所以我根据他们的年龄特点，设计了这一游戏。总的来说，孩子们还是比较感兴趣的。但是，由于这是一节公开课，我太紧张而放不开，老是担心孩子们不理解，达不到预期效果，所以语言就反复地强调，简洁明了会更好。我想今后在认真准备上课材料的同时要组织好课堂语言，努力上好每一节课！

六、小动物投喂

【设计者】欧阳中香（杭州市闲林职业高级中学）

【设计意图】通过介绍不同动物的特点和生活习惯，让幼儿了解不同动物的饮食习惯，选择自己喜欢的动物投喂食物。在投喂过程中，锻炼幼儿的手臂控制力和瞄准能力。小班幼儿好动，专注力弱，亲近动物，这就需要在活动设计上增加互动环节，降低动作难度，提高游戏的吸引力。器材选择上，坚持环保原则，收集日常废旧纸箱，贴上动物图片，作为投掷点；废旧报纸揉成纸球，作为食物；拉起废旧绳子，作为动物园栅栏。模仿幼儿逛动物园投喂动物的场景。

【教学目标】

体能目标：在游戏中感受投掷纸球的动作，掌握瞄准投掷的方法；发展身体的协调性，提高手臂控制力和瞄准能力。

认知情感目标：了解不同动物的生活饮食习惯，拓展相关的知识；能积极参与活动，在活动中感受快乐。

【教学准备】纸箱子6个，打印6个小动物的头像，每人自制3个纸球，音乐。

【教学过程】

热身活动：开火车，围成一个圆圈，激发孩子的活动兴趣。师幼在圆圈上跟着音乐做动物模仿操，有节奏地活动头部、上肢、腰部、腹背、下肢等。

动物知识互动。

师：同学们去过动物园吗？了解动物吗？都喜欢什么动物？

（幼儿回答：去过，喜欢长颈鹿、大象、熊猫等等。）

老师逐一拿出打印好的动物照片，以提问互动的方式，介绍6种动物的身体特征、生活习惯、饮食习惯。

投喂食物练习。

将6个纸箱贴上不同动物的照片，作为投掷点，并排摆放。在距离纸箱2米处，拉起绳子，作为栅栏，要求幼儿站在栅栏外。幼儿自制纸球，投进自己喜爱的动物箱子里。将纸球投入纸箱，为投喂成功。

投喂食物比赛。

根据幼儿个人喜好，将幼儿分成6组。每位幼儿拿3个自制纸球，投向喜爱的动物纸箱。投入纸球多的组，为获胜组。

放松活动：吹气球。

师幼模仿气球，甩动身体上肢和下肢后，模仿吹气球，然后倒地。

【教学反思】动物是人类的朋友，是自然的重要组成部分。互动环节介绍了6种动物的身体特征、生活习惯、饮食习惯，拓展了相关知识。通过模拟动物投喂的活动，发展了幼儿的手臂控制力和瞄准能力。投喂小组比赛激发了幼儿游戏的兴趣，锻炼了团队合作的意识。

七、趣味爬走

【设计者】欧阳中香（杭州市闲林职业高级中学）

【设计意图】幼儿在学习走路之前常常会学习“爬”。爬行运动可以平小腹，利肠胃，健四肢，方便、易学，是一项极好的体育锻炼项目。小班幼儿年龄较小，身体控制力较弱，学习能力仍处于初级阶段。通过模拟动物爬行的趣味游戏，帮助幼儿活动四肢，促进身体发展。同时，在互动活动中，通过简单问答和图片展示，拓展幼儿的知识，让其了解不同动物的爬行方式。

【教学目标】

体能目标：通过游戏感受爬行的动作，掌握两种以上动物爬行的动作，能手脚交替协调，快速爬行20米。

认知情感目标：了解不同动物的爬行动作，拓展相关知识，积极地参加活动，感受运动的快乐，在爬行比赛中锻炼意志品质。

【教学准备】垫子、音乐。

【教学过程】

（创设情景，激发幼儿兴趣。）

师：今天鸭妈妈要带小鸭子做游戏了。你们都是神气的小鸭子。快跟着鸭妈妈一起做游戏吧！

老师带领幼儿跟着音乐做准备活动，主要活动头、肩、腰、腿。

老师带幼儿学鸭子绕圈慢走。

师：同学们去过动物园吗？

（等待幼儿回答。）

师：你们都见过什么动物？它们都是怎么爬行的？

老师拿出打印好的动物爬行照片，以提问互动的方式，逐一介绍小猫、蛇、蟾蜍、熊猫、螃蟹、毛毛虫的爬行动作。

老师演示小猫、蛇、蟾蜍、熊猫、螃蟹、毛毛虫的爬行动作，组织幼儿进行爬行练习，要求每名幼儿掌握两种以上动物爬行的动作，并爬行20米。

幼儿分成四组，模拟熊猫爬行动作，进行30米爬行接力比赛，最先完成比赛的小组获胜。

老师播放轻快的音乐，带领幼儿进行放松活动，捏一捏胳膊，揉一揉腿，充分放松身体。

【教学反思】随着社会的发展，身体锻炼越来越重要，五禽戏等锻炼方式受到群众的热烈欢迎。本课从动物爬行动作创编出幼儿趣味游戏，降低了游戏的难度，提高了锻炼的效果。同时，设置互动环节，以图片形式展示6种动物的爬行动作，拓展了幼儿的相关知识。

八、拍气球

【设计者】欧阳中香（杭州市闲林职业高级中学）

【设计意图】气球是多数幼儿喜爱的玩具。将气球引入小班游戏教学中，通过互动，让幼儿了解气球的材质及特点；传授拍气球的技巧，让幼儿将气球排向指定的方向，以锻炼幼儿手、眼的协调性；通过“气球飞得高”游戏，让幼儿追着气球连续拍，锻炼幼儿的追逐能力。

【教学目标】通过游戏，提高幼儿手臂的力量以及手、眼的协调性；激发幼儿参加游戏的兴趣，体验游戏带来的挑战与快乐。

【教学准备】气球5—6个。

【教学过程】

老师带领幼儿在操场上慢走，再慢跑，速度逐渐加快。跑步结束后，组织幼儿做准备操。

师：（出示气球）这是什么？你们是怎么玩的呢？

老师请个别幼儿进行示范，再请其他幼儿一起模仿。

老师示范拍气球的动作：把气球往上扔，再用手去拍气球。特别提示：不要让气球落地。

师：你们想不想也来拍气球啊？拍气球，要先学会一个动作。

幼儿练习：原地向上跳起，用手拍气球。

老师引导幼儿自由结伴，尝试拍三种不同高度的球。

师：出现自己够不到球的情况，怎么办？

老师引出“蹦蹦跳跳”动作，用口令指导幼儿练习。

老师讲解游戏的规则：2—3人为一组。每一组的第一位幼儿站在白色线上，当听到老师发出开始游戏的信号后，把自己的气球往天空上抛,用手拍气球,不让气球落地。谁拍的时间最长,谁就是胜利者。

幼儿分组游戏,老师个别指导与帮助。

游戏结束后,老师带领幼儿在操场上慢走,完成放松活动。

【教学反思】气球是日常生活中常见的玩具,也是小班幼儿的最爱。以气球为工具编排游戏,可以激发幼儿的兴趣。通过"气球飞得高"游戏,可以锻炼幼儿手、眼的协调能力以及身体的控制力,充分发展幼儿运动的素质。

九、头顶沙包追逐

【设计者】俞冬君(杭州市闲林职业高级中学)

【设计意图】小班健康领域目标中明确提到初步学习走、跑、平衡、钻、爬等基本动作。本游戏通过趣味活动,训练幼儿的平衡能力,从而更好地帮助幼儿达到健康目标。

【教学目标】尝试头顶沙包行走,提高幼儿身体的控制能力和平衡能力,提高大小肌肉的协调能力;引导幼儿知晓如何控制自己的身体,积极参与游戏,体会游戏带来的快乐。

【教学重点】控制身体,完成顶沙包平稳行走。

【教学难点】克服恐惧心理。

【教学准备】沙包若干,音乐及播放器。

【教学过程】

老师示范"头顶沙包行走"动作,激发幼儿参与的兴趣。

老师带领幼儿跟着音乐做准备活动,主要包括头、肩、腰、腿等活动。

师:你们要不要和老师一样,掌握头顶沙包行走的本领啊?

幼儿在老师引导下,自由尝试。

老师再次进行动作示范,并为幼儿讲解要点。

幼儿在老师的组织下,再次尝试游戏。

老师组织幼儿到相关的游戏区域。老师选出两位幼儿，其中，一位扮演追逐者，一位扮演被追逐者。游戏开始后，两个孩子头顶沙包开始追逐，跑动时不能用手扶沙包。在跑动过程中，被追逐者可以把沙包转移给其他小朋友，接到沙包的幼儿应立即把沙包放在头上，成为新的被追逐者。被追逐者如果被抓到或者头上的沙包掉下来，即成为追逐者。为了提高游戏的可操作性，游戏开始阶段可以根据幼儿的实际情况允许幼儿手持沙包、手托或肩顶沙包。

【教学反思】沙包大小尺寸需要调节。在游戏过程中，个别孩子出现沙包滑落的情况，怪沙包太大，头顶不住。大多数孩子开始的时候没能掌握平衡的要领，进行追逐跑时，失败率较高。孩子们玩的人数没能控制好，个别孩子消极游戏，没有照顾到。

十、小鸡回家

【设计者】俞冬君（杭州市闲林职业高级中学）

【设计意图】小班幼儿喜欢跑跑跳跳等动作。通过“小鸡回家”游戏，让幼儿在游戏中学会正确的跑跳姿势，并主动探索多种跑的练习方式，保持一定时间内能够持续跑，从而提高幼儿的协调能力，在增加体质的同时体会运动带来的快乐。

【教学目标】学会跑的正确姿势，能够在一定的时间内持续跑，以增强体能，提高体质；体验跑的快乐，养成一定的规则意识。

【教学重点】绕过障碍物跑，跑时摆臂自然。

【教学难点】学会听教师口令，做出反应。

【教学准备】空旷场地，小鸡贴纸，老狼卡片。

【教学过程】

师：小朋友们，大家好！你们喜欢鸡宝宝吗？

师：老师收到鸡妈妈的求助：“今天，小鸡宝宝不能回家了。因为有一只老狼藏在鸡宝宝回家的路上，想抓住鸡宝宝们。”

师：所以，大家要团结一心，安全护送鸡宝宝们回家。

师：你们知道如何护送鸡宝宝吗？对，我们要教会鸡宝宝们掌握快速躲闪的本领。

师：这节课，我们就先扮演成鸡宝宝，学习这个本领。

老师组织幼儿听关于小鸡的儿歌，并带领幼儿做“扭一扭，跑一跑，跳一跳”等动作。

老师讲解游戏规则。将小朋友分成5组，分别站在跑道的起跑线上，在每一个小朋友身上都贴上小鸡的贴纸。每组小朋友要一个接一个地听老师的口令再开始跑，绕过3只老狼（标志桶）到达终点，安全将鸡宝宝送回家。

老师注意观察小朋友在活动中遇到的困难，及时提供帮助。

游戏结束后，老师引导幼儿跟着音乐进行放松。

【教学反思】

本次活动的设计与组织充分考虑了小班幼儿在基本动作发展与运动经验方面的原有水平与发展需求。活动的设计以故事情节贯穿始终，每个环节充分给予活动的时间和空间，使每个幼儿都能自然地融入情境，处在一种积极、主动、愉快的学习状态中，有效地集中了幼儿的注意力。整个活动的节奏较高。教师随时进行个别指导，使每位幼儿的活动水平在原有的基础上有较大的提高。

第二节 中班游戏教学案例

一、切西瓜

【设计者】胡伟红(杭州市余杭区闲林海文幼儿园)

【设计意图】切西瓜是深受幼儿喜爱的跑圈类游戏。在奔跑追逐的过程中,幼儿必须快速躲闪并做出反应,具有一定的挑战性和竞争性。该游戏有很大的创编空间,游戏儿歌简单、押韵,可以引导幼儿回忆生活中需要切的水果而创编出“切橙子”“切甘蔗”“切苹果”等等,丰富儿歌的内容;游戏队形可以结合水果的形状而进行相应的改变;游戏动作可以在练习跑的基础上练习爬、跳、蹲着走等。教师在组织时充分挖掘,不仅可以丰富游戏的内容、增添游戏的趣味性,还可以提高游戏的锻炼价值。

【教学目标】能够按一定方向绕圈快速奔跑并能观察同伴的位置进行躲闪;在游戏中能集中注意力,反应灵活;体验合作创编游戏的乐趣。

【教学重点】能够按一定方向绕圈快速奔跑并能观察同伴的位置进行躲闪。

【教学难点】对游戏内容进行创编。

【教学准备】示意图,录音机,音乐磁带。

【教学过程】

幼儿玩“包剪锤”“老鹰捉小鸡”等民间体育游戏。

全体幼儿变成大西瓜。

师:西瓜是什么样子的?

师：我们想个什么好办法，让大家一起变成一个大西瓜？

师：变变变，变成一个大西瓜。

幼儿手拉手，围成一个大圆圈。

老师扮演切瓜人，示范切西瓜。

师：切西瓜的人怎么切西瓜？

老师边念儿歌，边沿圈走，边按顺序在每个幼儿手拉手的地方一拍，切一下。老师引导幼儿仔细观察。

幼儿学唱游戏中的儿歌："切西瓜，切西瓜，西瓜哪里来？农民伯伯种出来。要把西瓜切开来！"

老师出示示意图，帮助幼儿理解反方向绕圈跑。

师：西瓜切开后，小朋友应该怎样跑呢？

被切的两人必须反方向绕圈跑回自己原来的位置。先到者为胜。胜者与切瓜人交换角色。游戏重新开始。

幼儿游戏2—3次。

老师引导幼儿进行放松运动。

【教学反思】切西瓜是一个传统的民间体育游戏，是一个很好的活动素材。教师将游戏内容进行拓展、整合，创设了新的游戏情境，既保持了原游戏的魅力，又克服了等待时间过长、内容单一等弊端。本活动的第一条目标是根据中班幼儿身体锻炼活动的总目标和要求而设计的具体活动目标，旨在发展中班幼儿快速绕圈跑的能力。第二条目标旨在通过运动发展幼儿灵敏、协调等身体素质及在运动中自我控制的能力。第三条目标旨在激发幼儿合作探索的兴趣和积极活动的乐趣。从活动过程来看，活动层层推进，自然而合理。活动以幼儿熟悉的民间体育游戏"包剪锤""老鹰捉小鸡"等开始，既调动了幼儿的兴趣，又为后面开展新游戏做好了铺垫。活动的基本部分是学习并创编切西瓜游戏。教师将游戏玩法逐层分解，通过情境法、示范法、讲解图示法帮助幼儿理解并掌握，在此基础上通过设问引导幼儿边思考边探索游戏的新玩法，由易到难、循序渐进，适合幼儿的学习特点。集体游戏与分组游戏两种形式的巧妙整合，也为幼儿提供了更多参与游戏的机会，减少了幼儿的等待时间，激发了幼儿的游戏兴趣。结束部分进行放松活动，让幼儿的身体得到恢复，符合体育活动设计的要求。

二、两人三足

【设计者】朱华英（杭州市余杭区闲林中心幼儿园）

【设计意图】中班幼儿的生理发展处在一个重要时期，心理也处在一个重要时期。针对中班的孩子灵敏性和协调性比较薄弱，下肢力量不强，自信、战胜困难的勇气等心理素质比较缺乏，教师特别设计了这一游戏："两人三足"。

【教学目标】学习游戏"两人三足"，体验与同伴按节奏同步前进；体验齐心协力合作带来的快乐。

【教学重点】学习游戏"两人三足"。

【教学难点】绑带子、解带子。

【教学准备】绑脚带子，沙包。

【教学过程】

师：两个人有几只脚？怎样才能变成三只脚？

师：现在老师要帮你们，一对好朋友，变成三只脚。

老师帮助幼儿绑脚。绑好后，幼儿自由练习。

师：刚才你们遇到了哪些问题？怎样才能让两个好朋友不摔倒？

把绑在一起的脚先开步。两个人嘴里可以喊口令"一、二""一、二"。先开步的脚口令为"一"，后走脚口令为"二"。

老师带着幼儿练习，幼儿再自由练习。

师：天冷了，我们要去运一些粮食。哪一组先把对面的粮食运完，哪一组就获胜了。

幼儿听口令，开始比赛1—2次。

老师给胜利的幼儿奖励。幼儿背着粮食回家。

【教学反思】孩子还不怎么会绑带子,浪费了较多的时间。个别孩子在玩游戏的过程中出现埋怨的心理,怪自己这组谁跑得太慢,脸上露出不高兴的神情。有些孩子没掌握好做这个游戏的技巧,不敢跑,“两人三足跑”变成“两人三足走”。为了增加比赛的趣味性,可以先把每两个人的脚绑好。做游戏之前,老师对孩子做游戏的技巧一定要多次强调,重点讲解跑的过程中要有节奏感,参赛者之间要有配合,速度要一致。

三、绑手绢

【设计者】朱华英(杭州市余杭区闲林中心幼儿园)

【设计意图】绑手绢是我国传统的民间体育游戏。通过创编儿歌来提升幼儿学习绑手绢的动作要领。在游戏内容的设计上由易到难,循序渐进地学会给小手帕打结与解开。每一次难度的提升,都为幼儿创造了新的成功的体验。在活动中老师充分发挥了主导作用,为每个幼儿提供了平等参与的机会,使他们在活动中增强了自信,得到了快乐,创新意识得到了提高。

【教学目标】让幼儿了解手帕能玩出多种游戏,学会给小手帕打结与解开的方法;通过游戏提高幼儿手的灵巧性,发展幼儿同伴间的互相合作能力;进一步提高幼儿对民间游戏的热爱之情。

【教学重点】学会给小手帕打结与解开的方法。

【教学难点】一物多玩。

【教学准备】音乐,幼儿每人一个小手帕。

【教学过程】

老师展示魔术“变小手帕”:小手帕四方方,先变成长方形,再变成正方形,再变成小长方形,再变成小正方形,最后不见了。引起幼儿的活动兴趣。小朋友学习魔术“变小手帕”。

师：小手帕真神奇，它想和我们小朋友一起跳个舞呢。

老师播放音乐。师幼一起跳“手帕舞”，引导幼儿玩小手帕的各种游戏。

老师引导幼儿学习民间游戏“绑手绢”，通过边念儿歌边传授给小手帕打结与解开的方法。幼儿练习给小手帕打结与解开。

师：老师小时候也和小手帕玩过一个好玩的游戏，想知道吗？我先玩给你们看看，让你们猜猜：这是什么游戏？请小椅子当模特儿。

师：这个游戏还有一首好听的儿歌呢，请小朋友们边听儿歌边看动作。

老师唱儿歌：两只兔耳朵，交叉握握手，一只耳朵翻一翻，两只耳朵拉一拉。老师同时做动作。

师：小朋友猜到这个游戏了吗？如果要解开这块小手帕怎么办？

（老师轻轻拉出一只兔耳朵就可以了。）

师：小朋友知道了吧，这个游戏的名字就叫绑手绢。大家想学吗？

师：请幼儿找到自己的小椅子。

老师引导幼儿边念儿歌边玩绑手绢游戏。

老师引导幼儿在身体的各个部位玩绑手绢游戏（如小腿上），引导幼儿找好朋友玩绑手绢游戏。

师：小朋友，想不想找好朋友，一起玩？老师先找一位好朋友，再把小椅子背靠背放在一起，两位好朋友分别站在小椅子后面。结好小手帕，转一转，解开手帕，转一转。看谁又快又能干。你们赶紧试一试吧！

老师引导三位幼儿玩绑手绢游戏。

师：小朋友，想三位好朋友一起玩吗？老师先玩给你们看。三位好朋友，先猜拳，定胜负，输的幼儿当模特，伸出小手臂，胜的两位小朋友就在这位小朋友的手臂上玩绑手绢游戏。结好小手帕，转一转，解开小手帕，转一转。看谁又快又能干。先结好手帕的小朋友，可以抓住慢的小朋友，被抓住的小朋友就当模特，换他们两位小朋友玩。游戏就这样一直继续下去吧。你们也来玩一玩吧。

【教学反思】教师在活动中充分发挥了主导作用，为每位幼儿提供了平等参与的机会，注重与孩子的交流，在“一物多玩”这一环节中，语言提示恰到好处，指导针对性强。在活动中，孩子们积极投入，表现出自主探索、乐意合作、挑战自我的精神。

四、跳格子

【设计者】周跃平（杭州市余杭区苕溪幼儿园）

【设计意图】童年是一幅画，画里有我们五彩的生活；童年是一首歌，歌里有我们的幸福和欢乐。跳房子，可是我们小时候爱玩的游戏之一。那时候，一有空，我们就聚在一起，在地上画着很多方格，有12格、6格等，然后用算盘珠儿串成一圈，算是跳房子的用具，单脚站立，站进房子，单脚将算盘珠按顺序踢进指定的格子。对于第一次接触这个游戏的中班幼儿来说，掌握起来有一定的难度，于是采取单脚、双脚交替跳跃的方式进行跳格子，让我们的孩子们体验到简单的几个格子也能带给我们无穷的乐趣。

【教学目标】初步尝试跳格子游戏，练习单脚、双脚交替跳跃，培养幼儿的平衡能力；在游戏中培养幼儿的守则意识和同伴之间的合作能力；体验民间游戏带来的快乐。

【教学重点】能正确掌握跳格子的方法。

【教学难点】在跳跃中能控制身体的平衡，遵守游戏规则。

【教学准备】

格子图片，由10个格子组成；场地布置：格子、拱门、框子、宝藏；关于“跳格子”的幻灯片。

【教学过程】

幼儿练习单脚跳格子、双脚跳格子。

以寻宝为线索，老师引发幼儿探索“格子路”。

师:今天老师要带你们去寻宝。

老师出示格子图片。

师:但是,在路上我们要经过一条格子路。我们该怎么通过这条格子路呢?

老师鼓励幼儿发表自己的意见。请幼儿初步尝试跳格子。

师:刚才你是怎么跳格子的?

老师统一大家的意见,重点引导幼儿理解:一个格子单脚跳,两个格子双脚跳。并请幼儿再次尝试以单脚、双脚交替跳跃的方式进行跳格子。

老师准备多种组合的格子路,让幼儿自由练习。老师观察幼儿跳格子的情况,是否能顺利进行单脚、双脚交替跳跃,进行个别指导。

老师讲解寻宝规则。

师:幼儿分成两组,在规定的时间里,以单脚、双脚交替跳跃的方式跳格子,钻山洞,将宝物运回来。哪队运回的宝物多,哪队就赢了!

寻宝升级。老师提出新的寻宝规则。

师:在跳的过程中,另外一只脚不能踩到地上,犯规者重新出发。

寻宝结束,播放幻灯片,向幼儿介绍跳格子的由来:“跳房子”,以及“跳房子”的不同玩法,为今后“跳房子”游戏做铺垫。

【教学反思】民间游戏,一个人可以玩,两个人、三个人也可以玩。在本次活动中,孩子们结伴探索各种形状的格子,商量玩法,在轻松、愉悦的氛围中提高交往合作能力,幼儿在愉快的嬉戏中训练技能,练习动作。跳格子玩法多样,可以从一人玩、二人玩、小团体玩,到最后的集体竞赛活动,把活动逐步推向高潮。幼儿在学习跳格子玩法中不断创新,合作交往能力得到培养。

五、好玩的竹竿

【设计者】曹君丽(杭州市余杭区闲林中心幼儿园)

【设计意图】通过本游戏引导幼儿探索玩竹竿的新方法。让幼儿初步接触、了解“跳竹竿”这一游戏活动，进而激发幼儿对民间体育游戏“跳竹竿”的兴趣。让幼儿在轻松愉快的氛围中体会到集体合作的快乐，促进幼儿同伴间的交往，提高幼儿的合作能力。

【教学目标】探索竹竿的多种玩法；了解“跳竹竿”这一民间体育游戏的来历，尝试用不同的节奏跳竹竿；与同伴合作游戏，提高幼儿的合作能力。

【教学重点】按照两种节奏“跳竹竿”。

【教学难点】“跳竹竿”玩法创新。

【教学准备】长竹竿、短竹竿、短棍子若干，竹竿或棒子两头用布裹紧，防止伤人；音乐，磁带；有关竹竿舞的图片、录像。

【教学过程】

幼儿人手一根竹竿或棒子，随着音乐，“骑着大马”，入场。

师：今天天气真不错，我们骑着马出去玩玩吧！

随着音乐的变化，利用竹竿、棍棒进行队列练习。由两队“骑马”变双圆、变小圆，合作组合“坐马车”。

探索竹竿、棍棒的多种玩法：利用竹竿、棍棒进行“一棒多玩”。

师：竹竿、棒子，可以玩骑大马的游戏，还可以玩什么游戏呢？我们一起来试试。可以自己玩，也可以和小伙伴一起玩。

幼儿四散游戏。

交流、总结新玩法。幼儿展示自己探索出的新玩法。（如挑担、跳竹竿、多人合作划小船、抬花轿、练武术、铺小路等等。）

看图片、录像，了解跳竹竿的来历、方法。

师：刚才我看到两个小朋友在地上敲竹竿，让其他小朋友来跳。小朋友们知道吗，刚才他们那样，就叫跳竹竿。这是我国的一个少数民族特有的民间舞蹈，也是一个游戏活动。每逢节日，他们就穿着漂亮的衣服，欢聚在一起，跳“打竹舞”。现在，跳竹竿这个有趣的活动成了他们招待远方客人的必备活动。

幼儿观看有关竹竿舞的图片、录像。老师同步讲解。

师:他们是怎么跳竹竿的呢？好玩吗？

师幼共同了解跳竹竿游戏的玩法。这个游戏是许多人一起玩,其中两个人手拿竹竿,面对面跪下,用竹竿按一定的节奏同时分合敲击,另一个人在中间看准竹竿的分合,跳进或跳出。

幼儿准备玩“跳竹竿”游戏。

师:小朋友,你们也想来跳竹竿吗？让我们一起来玩吧！你们想用什么节奏来跳竹竿呢？

两人合作,学用“嗒、嗒”的节奏敲打竹竿。

两人合作,学用“嗒、嗒嗒”的节奏敲打竹竿。

幼儿自己分成三人一组,尝试用不同的节奏打竹竿、跳竹竿,体验跳竹竿的快乐。老师帮助幼儿总结方法,使得幼儿跳好,不踩到竹竿上。

老师鼓励幼儿创造性地玩“跳竹竿”游戏,师生共同参与。

师:刚才小朋友在跳竹竿时想到了许多新的方法,真有趣！老师也想和你们一起跳竹竿,行吗？

师幼共同随着音乐尝试用单脚跳、分合跳、双脚跳等方式跳竹竿。

幼儿尝试用不同队形跳竹竿。

师:小朋友们,你们能用竹竿摆成好看的队形来跳吗？让我们跟着好听的音乐摆出好看的图形,跳起来吧！

【教学反思】这个游戏,安全是第一位的,需要切实保障安全,防止发生事故。同时,引导孩子不要打人。传统的游戏,现在往往可以玩出许多新玩法,因而可以将游戏规则进行适当的调整。根据孩子的年龄特点,选择适当的材料,传授基本的玩法,这是必要的。

六、好玩的纸球

【设计者】欧阳中香(杭州市闲林职业高级中学)

【设计意图】利用日常生活中的废旧纸张制作纸球,设计趣味纸球游戏。通过合作运纸球、纸球投掷和纸球射门等活动,发展幼儿身体的协调性,锻炼身体的控制力和瞄准能力,培养幼儿的合作意识。

【教学目标】

体能目标:感受合作运纸球游戏动作,掌握合作运球的方法,锻炼身体协调性;感受投掷和射门动作,掌握相关动作的要领。

认知情感目标:让幼儿了解纸张的生产原料,拓展相关的知识;通过废纸再利用的讨论,培养幼儿的环保意识;通过合作游戏,培养幼儿的合作意识。

【教学重点】合作运球练习与比赛。

【教学难点】纸球射门练习与比赛。

【教学准备】纸球人手一个,塑料筐,节奏感较强的背景音乐。

【教学过程】

热身活动:将纸球摆成一个大圆圈,播放音乐,带领幼儿绕着纸球慢跑,“开火车”,充分热身。组织幼儿顶球走,看谁走的距离远,活动头、颈部位。

拓展思维互动:同学们,大家知道纸张是用什么做的吗?(树木等等。)播放造纸视频,介绍造纸过程,要求节约用纸。废旧纸张揉搓成圆形,纸球可以用来玩什么游戏?(投掷、踢球等等。)

合作运球练习:幼儿自由选择,两人一队,背靠背夹住纸球,运到远处塑料筐中。纸球中途掉落,需从起点重新开始。

合作运球比赛:幼儿10人1组,每组两人一队,接力合作,运送纸球到纸筐中。规定时间内,运送纸球多的小组获胜。

纸球射门练习:将塑料框侧放于近处,作球门。将纸球摆于点球处。幼儿尝试用脚将纸球踢入塑料框。

射门比赛：幼儿10人1组，每人射门1次。哪一组射入框内的纸球多，哪一组获胜。

放松活动：纸球操。师幼手拿纸球，进行简单的早操练习，放松身体。

【教学反思】活动开始时，设置互动环节让幼儿回答纸张制作的原材料，通过播放纸张制造的视频，拓展了幼儿相关的知识，同时培养了其节约用纸的意识。活动中设置的背靠背合作运球游戏，需要幼儿相互沟通配合、默契合作才能完成，这有利于培养幼儿的团结合作意识。设置比赛环节，游戏氛围活跃，可以培养幼儿拼搏、竞争的意识。

七、趣味跳跃

【设计者】欧阳中香（杭州市闲林职业高级中学）

【设计意图】本游戏创设游戏情景、播放音乐，激发幼儿锻炼的积极性，同时设计左右跳、青蛙跳、五环跳、阶梯跳等等，锻炼幼儿手脚协调性、身体控制力，增强幼儿的跳跃素质。通过跳跃接力赛，培养幼儿勇于拼搏的品质和团结合作的意识。

【教学目标】

体能目标：掌握跳跃动作要领，能手脚配合完成跳跃动作，并能连续跳跃；锻炼幼儿的手脚协调性、身体控制力，增强幼儿的跳跃素质。

认知情感目标：了解跳跃动作的要领，认识跳跃能力是身体素质的重要方面；积极地参加活动，感受跳跃练习的乐趣，在跳跃接力赛中培养团结合作意识。

【教学重点】掌握跳跃动作要领。

【教学难点】30米青蛙跳接力比赛。

【教学准备】圆环，小阶梯，音乐。

【教学过程】

教师创设情景，激发幼儿兴趣。

师：青蛙肚子饿了，需要去找食物。你们都是饿着肚子的小青蛙，快快准备出发，去找食物吧！

老师带领幼儿跟着音乐做准备活动，主要活动头、肩、腰、腿。

老师带着幼儿绕圈慢跑，“找食物”。

大家跳跃互动。

师：同学们，你们知道什么是跳跃吗？

播放跳跃动作图片，解释跳跃动作。

跳跃指两脚用力离开原地向上或向前跳。

各项跳跃运动都可以分成四个紧密相连的动作阶段，即：人体向前水平移动阶段，技术上称作助跑；人体向前水平移动转变为向前上运动阶段，技术上称作起跳；人体离地后的空中腾越阶段，技术上称作腾空；人体腾空后着地阶段，技术上称作落地。

老师逐一讲解并演示左右跳、青蛙跳、五环跳、阶梯跳的动作，组织幼儿进行跳跃练习，要求每名幼儿熟练掌握跳跃动作。播放音乐，组织幼儿开展30米距离青蛙跳、五环跳和阶梯跳练习。

老师将幼儿分成四组，进行30米青蛙跳接力比赛，最先完成比赛的小组获胜。

老师播放音乐，带领幼儿进行放松运动，捏一捏胳膊，揉一揉腿，充分放松身体。

【教学反思】跳跃是重要的身体素质，是幼儿体育教育的重要内容。本游戏以发展幼儿跳跃能力为目的，通过创设的情景，激发幼儿参与跳跃的积极性。同时，通过图片展示、教师示范、个别训练、集体比赛等等，传授跳跃动作要领，提高幼儿跳跃的能力。

八、踩气球

【设计者】欧阳中香（杭州市闲林职业高级中学）

【设计意图】追逐游戏是典型的非结构化游戏，可以在天然场地中进行，让幼儿体验速度，游戏中的思考有利于发展幼儿的想象力和创造力。本游戏引入日常玩具气球，让幼儿在相互追逐、踩踏他人脚上的气球时，锻炼奔跑能力，发展运动素质。

【教学目标】感受体育游戏的快乐，培养体育锻炼兴趣；发展奔跑能力，提高身体的协调性和控制力；体验成功的喜悦，锻炼拼搏的意志。

【教学重点】两人三足踩气球。

【教学难点】大乱战踩气球。

【教学准备】气球若干。

【教学过程】

老师带领幼儿做热身运动，动动脚，动动手，动动脖子。带领幼儿在操场上跑步，先慢慢地跑，再一点一点加快。跑步结束时，老师引导幼儿多摇摇自己的手和脚，充分活动活动自己的四肢。

双人踩气球：两人对立而站。每人每只脚上绑2个气球。然后看谁最先将对方4个气球“踩爆”。

两人三足踩气球：两人为一组，将两人相邻的脚绑到一起，而且将4个气球绑到两人相邻的脚上，然后进行“混战”。哪一组的气球最先被踩完，哪一组就被淘汰。

大乱战踩气球：每个人的两只脚上各绑上两个气球，然后进行“混战”。每个人独立“作战”。气球被“踩爆”完的，淘汰出局。最后剩余的一个人，为游戏的获胜者。

游戏结束后，组织小朋友做放松活动。

【教学反思】本游戏将气球绑在脚上，组织幼儿开展踩气球游戏，要求幼儿在保护好自己气球的情况下踩爆他人脚上的气球，让幼儿在快乐游戏中锻炼变速跑的技能，发展奔跑的素质。同时，在激烈的游戏比赛中，体验成功的喜悦，培养拼搏的意志。

九、鼻子和脚趾

【设计者】俞冬君(杭州市闲林职业高级中学)

【设计意图】跑步是深受幼儿喜欢的一种运动,不仅简单易行、玩法多样,还能锻炼身体的协调性,促进幼儿与同伴的情感交流。本次活动加入“身体部位”的知识,目的是让幼儿体会运动的乐趣。中班幼儿的平衡性和协调性比较薄弱,下肢力量不强,自信、战胜困难的勇气等心理素质比较缺乏,所以设计了这一游戏。

【教学目标】根据游戏规则,能在指定范围内追逐跑,主动躲闪与避让其他人;知道并会运用在追逐跑中保护自己,愿意参与体育活动,体验在追逐跑中的乐趣。

【教学重点】在指定范围四散追逐跑,主动躲闪或者避让。

【教学难点】活动中不碰撞他人,保护自己。

【教学准备】空旷场地,音乐。

【教学过程】

老师带领幼儿跟着音乐做准备活动,主要活动头、肩、腰、腿。

老师讲《狼来了》的故事。

师:我们怎么样才能躲掉别人的追击?

老师引导幼儿尝试摸鼻子和脚趾。

选择一名孩子为追逐者,设法抓到分散在场地上的任何一位小朋友。成功了,他就可以成为“自由人”,由那位小朋友追逐。在即将被追到时,跑者可一只手摸住脚趾,另一手摸住鼻子,急停。做好这个动作后,这位跑者即可逃脱被抓的危险。但在一次游戏中,每个孩子只许摸3次“鼻子和脚趾”。

结束活动后,老师给胜利的小朋友奖励,组织小朋友们有序排队走回教室。

【教学反思】活动开始的时候,我们让组内孩子们商定谁最先做追逐者，孩子们都不大想，浪费了一点时间。紧接着我们请小队长担任追逐者，游戏很快开展起来。在幼儿奔跑与追逐的时候，一片混乱，存在一定的安全隐患，需要全面看护学生。教师一定要全方位考虑，及时提醒幼儿注意自身的安全，做好充分的准备，才能让课堂呈现有效的状态，让孩子们全面地发展。

十、保护小马尾巴

【设计者】俞冬君(杭州市闲林职业高级中学)

【设计意图】针对中班孩子灵敏性、协调性与耐力相对薄弱且下肢力量不强等问题，拟利用游戏实现追踪跑的练习任务，在充分调动小朋友们参与积极性的基础上，培养其自信、勇敢的品质。

【教学目标】通过游戏参与，幼儿身体的灵活性与协调性得以提高；认识到与其他小朋友合作的重要性，学会与他人合作。

【教学重点】利用游戏提高幼儿的下肢力量及耐久跑能力。

【教学难点】引导幼儿认识团队合作的重要性并学会与他人合作。

【教学准备】空旷且平整的场地一块，相关的音乐，播放器一台。

【教学过程】

师：小朋友们好！猜一猜，老师为你们准备了什么？(稍后)拿出马尾巴道具，并放在自己臀部扮演一匹小马。

师：刚刚，马妈妈向老师求助，说有几个坏人要抢夺小马的尾巴，让我们帮助小马掌握躲闪的本领。你们愿不愿意帮助可爱的小马啊？(观察幼儿的反应，营造紧张的氛围。)

师：好，现在和老师一起玩一个游戏。等这个游戏玩完了，你们就掌握保护尾巴的本领了。

老师讲解游戏规则，并组织幼儿准备好游戏。幼儿四人一组，其中一位幼儿扮演抢马尾的人，另外三位幼儿排成一路纵队，后面的两个人两手分别搭在前面孩子的肩上，最前面的孩子是“马头”，末尾的孩子便是“马尾巴”。游戏开始后，扮演抢马尾的幼儿要想方设法抓住马尾，而扮演小马的幼儿们要想法躲闪。

游戏结束，做放松运动。

【教学反思】本教学设计以幼儿感兴趣的“小马有危险”为情境，将枯燥追踪跑的练习转成具有正义、富有爱心的游戏化活动，幼儿的积极性和爱心都得以充分调动。通过游戏，幼儿的快速躲闪能力、协调能力和耐力都得到了提高，实现了教学目标。

第三节　大班游戏教学案例

一、捕蛇

【设计者】徐建芬(杭州市余杭区闲林海文幼儿园)

【设计意图】在户外活动,大班幼儿玩绳子时,幼儿除了用绳子进行跳绳,还会用绳子玩出许多花样:把绳子变成圆圈而跳跃,变成小河而跨跳,变成门而玩过城门的游戏,还把绳子在地上甩而转着玩。从幼儿的活动中,笔者捕捉到一个话题:把绳子变成蛇来玩,于是设计了该游戏活动。

【教学目标】在愉悦的游戏中练习甩、躲闪的动作;在游戏中让幼儿体验与同伴合作游戏带来的快乐以及对民间游戏产生兴趣;培养幼儿的合作意识。

【教学重点】在游戏中让幼儿体验与同伴合作游戏的快乐。

【教学难点】在愉悦的游戏中练习甩、躲闪的动作技能。

【教学准备】塑料长绳,音乐,播放器。

【教学过程】

热身:师幼共同玩"石头、剪刀、布"跨步游戏。

老师用绳在地上甩,请幼儿说说像什么。(像蛇。)

师:刚才老师是怎么玩的?(用手"甩"的。)

请幼儿自由在原地玩耍,练习甩的动作。

幼儿随着鼓声快、慢而练习甩。

师:蛇,除了会向前游,还会向哪儿游?(向后游、向左游或向上游。)

幼儿自由练习，学蛇向不同的方向游，练习甩的动作。

老师讲解“捕蛇”游戏规则，强调要求。

听音乐玩“捕蛇”游戏：音乐一停，赶快用脚踩绳子，踩到了绳子就表示捕到了蛇。反复游戏数次。

幼儿自己一个人玩“捕蛇”的游戏。

一位幼儿做捕蛇者，另一位幼儿拿好绳子当作蛇。捕蛇的幼儿的脚踩到绳子，表示捕到了蛇。

两个幼儿合作玩“捕蛇”的游戏。

幼儿交换角色进行游戏。

结束：把绳子当作小动物的尾巴，玩“老狼老狼几点了”的游戏。

【教学反思】幼儿第二次探索，老师引导，请幼儿合作玩绳，孩子们玩出了新花样：孩子们有的用绳套在前一个小朋友的腰上开火车，有的合作摆出了大圆，有的拼出了一根钢丝，一起走钢丝，还有的合作搭楼梯，等等。在这一环节，大部分幼儿能合作玩绳。本次活动充分调动了幼儿的积极性，让幼儿在宽松的氛围内自由探索，充分发挥了幼儿作为活动主体的作用。老师以活动的引导者、合作者等不同的身份参与活动，在活动过程中根据突发状况及时对活动进行调整，在不影响活动目标的前提下，激发了幼儿强烈的兴趣。

二、人·枪·虎

【设计者】胡伟红（杭州市余杭区闲林海文幼儿园）

【设计意图】“人·枪·虎”游戏训练的是大班幼儿四散跑的能力。此类民间体育游戏具有简单、易操纵、孩子活动参与度高等特点，最近几年来作为经常使用的素材在幼儿园体育教学活动中被广泛应用。这类游戏的价值不单单体现在运动技能培养上，还在思维能力培养、社会性教育价值体验等多方面具有深度挖掘的可能性。

【教学目标】通过游戏，培养孩子的判断能力、快速反应能力和奔跑能力;初步了解事物之间的关系,知道世界上的事物都存在相互关系;通过以小组为单位合作游戏,增强团队意识。

【教学重点】理清“人·枪·虎”三者之间的关系,以小组为单位合作游戏,增强团队意识。

【教学难点】用其他三种动物来代替“人”“枪”“虎”而创编新游戏。

【教学准备】较开阔的场地,中间一条中线,中线两侧10米左右各一条线,线之外作为两队的大本营。

【教学过程】

老师出示人、枪、虎三个标记,讲解游戏规则及含义,帮助幼儿理解“人怕虎,虎怕枪,枪服人管”的关系。

老师与幼儿一起设计“人”“枪”“虎”的动作表现。如:“人”——双手抱肩,“虎”——双手曲臂在肩上五指分开(也可以将动作简化为双手五指分开,于胸前做爪状),“枪”——双手在胸前做打枪状。动作可以由幼儿自行设计,但要经过大家的认可。

老师与幼儿一起熟悉游戏规则:将幼儿分成两队,分别站立于各自的大本营(即根据实际情况画出一定间隔距离的区域)。游戏开始前,本队讨论各自扮演的角色。游戏开始后,所有人一边口念“人枪虎、人枪虎,看看是谁更厉害!”,一边相互靠近。当走至事前设置好的警戒线时,停下,一齐喊:“一、二、三”,两队同时作出所扮演的角色动作。幼儿迅速根据“人怕虎、虎怕枪、枪服人管”的规则进行判定,输的一方逃,赢的一方追。输掉的人在逃回大本营之前被捉住的话,就加进胜方的队伍。如两队角色相同,则重新商量。

重复游戏几次后,休息一会儿。

师:这个游戏好玩吗?你觉得怎样玩会更有意思?

师:你能想出其他三种动物来代替“人”“枪”“虎”吗?试试编一个新的游戏吧!如老鼠、蛇、鹰,老鼠吃蛋,蛇吃老鼠,老鹰抓蛇。

老师继续组织幼儿们玩新的游戏。

【教学反思】在操场上课，幼儿在奔跑与追逐的时候，一片混乱。活动中，发现有两个孩子趴在一起，尽管没有受伤，但是，我得到警惕：教师一定要全方位考虑，要特别注意幼儿的安全。

三、抬花轿

【设计者】胡伟红（杭州市余杭区闲林海文幼儿园）

【设计意图】抬花轿是我国民间古代的婚俗。通过这一活动，不但使大班幼儿对这一风俗有所了解，而且培养幼儿间的合作意识和合作能力，体验与同伴合作的乐趣。

【教学目标】能够合拍地用抬轿步进行游戏，体验与同伴合作表演的趣味性；了解我国民间古代婚俗——抬花轿。

【教学重点】能跟着音乐做游戏，体验游戏的趣味性。

【教学难点】能合拍地走抬轿步。

【教学准备】红纱巾，红盖头，音乐，磁带

【教学过程】

学习抬轿子的动作：两名幼儿用双手做成轿子。抬轿子的幼儿起身，一步一步稳稳地向前走。碎步走——向前三步走，向后三步走，扭一扭。

配音乐进行游戏：随音乐做动作，试着随音乐走，听音乐进行整个游戏。

分组游戏：老师扮新娘子，幼儿集体抬花轿；请个别幼儿扮新娘子，集体抬花轿。

幼儿自主游戏：三人一组，幼儿自由组合，一人扮新娘，两人一左一右抬花轿。

活动延伸：回家后，让幼儿与父母一起做抬花轿的游戏。

【教学反思】娶亲是喜庆的大事，而抬花轿娶亲更加激发了幼儿快乐的情绪和参与的积极性。事先对乐曲做了介绍，因此幼儿合拍抬轿子的难度有所降低,但是由于有碎步走的动作,对幼儿来说还是有难度的,需要多次练习。

四、手推车

【设计者】夏云萍(杭州市余杭区闲林中心幼儿园)

【设计意图】开展丰富多彩的户外游戏和民间体育活动,用大班幼儿感兴趣的方式训练基本动作,培养幼儿良好的意志品质、个性品质,使他们在快乐的童年生活中获得有益于身心发展的经验。在大班体育游戏"手推车"活动中,幼儿会不断克服自身弱点,遵守规则,锻炼自己承受挫折、失败的能力,逐渐形成良好的情绪和意志品质,促进身心和谐发展。

【教学目标】学习手推车的本领,在活动中提高动作的协调性;初步学会怎样发现问题,探索解决问题的办法,懂得合作的重要性;喜欢民间游戏,体验游戏过程中的快乐。

【教学重点】学习手推车的本领。

【教学难点】初步学会怎样发现问题,探索解决问题的办法。

【教学准备】手推车示范图,音乐光盘,粮仓两个,粮食12袋,地垫数量和师幼人数相等。

【教学过程】

在轻松愉快的游戏情境中自然导入活动。

幼儿自主选择民间游戏,老师随机参与。

老师组织幼儿简单交流对民间游戏的认识,说说自己玩过什么游戏,怎么玩的。

老师组织幼儿学习游戏"手推车"。

借助图片导入:他们在干什么?这个游戏你玩过吗?怎么玩的?

幼儿分组尝试,探索游戏的玩法。

老师观察并鼓励幼儿练习。

幼儿互相交流游戏后的感受，懂得游戏需要三人一起合作进行。一组幼儿进行示范，介绍推车快的原因，重点在于掌握两人手托同伴膝盖向前协调推行的方法。

幼儿分组继续练习，结束后继续交流感受、总结经验。

做游戏“运粮食”。

师：农民伯伯的粮食丰收了，咱们帮着一起运到粮仓里去吧！

探讨游戏规则：要想运得快，三个人应该怎么做？粮食掉了怎么办？

师幼示范游戏，边运粮食边强调游戏规则和合作的重要性。

幼儿分红、黄两队进行运粮食的比赛。

幼儿交流第一次运粮食的感受，总结经验。

幼儿再次进行游戏。老师为幼儿“加油”。

“运粮食”游戏结束，师幼边念儿歌边玩民间小游戏（如“王婆婆抱妹妹”等）。

【教学反思】本次活动，以幼儿感兴趣的游戏“手推车”为开端，将枯燥的基本动作学习融入游戏，认真组织各个环节，密切关注每位幼儿，尊重幼儿的个体差异，通过游戏使幼儿掌握了推车技巧，锻炼了上肢力量，增强了身体的协调能力。幼儿在教师的指导下，配合完成初次体验，再次尝试，继续练习，深刻地体验到合作的重要性，从而达到了活动的教学目标。但在活动过程中，还是有一些地方有所欠缺，如：幼儿人数过多，无法顾及每一位幼儿；比赛时，只顾及幼儿推得快，忽略了出现的安全隐患。

五、跳皮筋

【设计者】洪雯静（杭州市余杭区闲林海文幼儿园）

【设计意图】跳皮筋是我国传统的民间体育游戏，深受大班幼儿的喜爱。把跳皮筋和童谣巧妙地结合在一起，符合幼儿活泼好动的个性特点。根据大班孩子的动作发展情况，我选择了跳皮筋活动，制定了不同阶段的目标，希望在活动中，孩子们在身体动作、想象力和创造力以及合作意识方面都能有所发展。

【教学目标】学习跳皮筋的基本动作；通过幼儿自主活动，相互学习，培养合作精神，体验自主活动的快乐。

【教学重点】学习跳皮筋的基本动作。

【教学难点】探索跳皮筋新玩法。

【教学准备】牛皮筋，儿歌《小皮球》。

【教学过程】

老师带幼儿在游戏中热身。幼儿跟随老师向前慢跑、倒退走、四散走、四散慢跑。幼儿听教师的哨音，看老师的手势结对，做准备操。

幼儿自己探索玩皮筋的方法，三人一组自由探索。

老师讲解跳皮筋的方法：小朋友四人一组。三人撑皮筋，放在脚脖处，呈三角形。一人从一根皮筋跳到另一根皮筋，沿着三角形绕，边跳边唱："小皮球，三加一，马莲开花二十一，二八二五六，二八二五七，二八二九三十一，三八三五六，三八三五七，三八三九四十一，四八四五六，四八四五七，四八四九五十一，五八五五六，五八五五七，五八五九六十一，六八六五六，六八六五七，六八六九七十一，七八七五六，七八七五七，七八七五八十一，八八八五六，八八八五七，八八八九九十一，九八九五六，九八九五七，九八九九一百一。"

教师讲解游戏规则：四人一组，用"石头、剪刀、布"的方法确定撑皮筋的人（三人）。在跳皮筋时，要一边唱一边跳。跳错的小朋友就要去拉皮筋。

幼儿游戏，教师指导。

游戏结束后，老师组织小朋友做放松活动。

【教学反思】在以后的活动中，重点应放在跳法的掌握和训练上。跳的形式可以根据幼儿实际情况做调整，增强跳的趣味性和游戏性。

在此游戏中，要有创新的元素，可以尝试从一根皮筋两头一样高到不一样高，从单人到多人……由易到难，由简单到复杂，循序渐进。

六、打保龄球

【设计者】欧阳中香（杭州市闲林职业高级中学）

【设计意图】将体育活动适当改编成幼儿游戏，有利于幼儿了解相关体育活动，培养体育兴趣，同时在游戏活动中锻炼身体、培养良好的意志品质、个性品质，使他们在愉快的游戏活动中全面发展。打保龄球是一种在木板球道上用球滚击木瓶的室内体育运动。将打保龄球改编成大班幼儿游戏，引入幼儿园课堂，有利于打保龄球运动的推广，可以训练幼儿手臂的力量和身体的控制力。

【教学目标】

体能目标：体验抛保龄球动作，掌握打保龄球游戏的方法；锻炼幼儿手臂肌肉爆发力，练习手眼协调能力和身体平衡力。

认知情感目标：了解打保龄球运动的起源、规则，培养兴趣；通过打保龄球小组赛，锻炼幼儿顽强的意志品质。

【教学重点】体验抛保龄球动作，掌握打保龄球游戏的方法。

【教学难点】了解打保龄球运动的起源、规则，培养兴趣。

【教学准备】装有水的可乐瓶40个，篮球40个，音乐。

【教学过程】

老师将可乐瓶摆成一个大圆圈，播放音乐，带领幼儿绕着纸球慢跑，“开火车”，充分热身。

老师组织幼儿手拿篮球跳热身操，活动身体。

老师介绍打保龄球游戏：同学们有谁玩过打保龄球游戏？（没有。）打保龄球是一项在木板上用石球去撞击木瓶的室内体育项目。比赛时，在球道终端放置10个木瓶，成三角形，参加比赛者在犯规线后轮流投球，撞击木瓶。10轮为一局。经过多局的投球，按击倒的木瓶数计算得分，得分多者为胜利者。播放打保龄球运动的视频。

练习打保龄球游戏：将可乐瓶分成4份，每份10个，将10个可乐瓶摆出三角形，距离可乐瓶10米处画上扔球线。幼儿手拿篮球，助跑到扔球线处，滚出篮球，撞到可乐瓶，撞倒1个，得1分。

打保龄球比赛：幼儿10人1组，每人轮流手抱篮球，向前滚出篮球，累计撞倒可乐瓶数量多的组获胜。

游戏结束后，组织小朋友做放松运动，以免小朋友感到疲劳。

【教学反思】打保龄球运动属于比较小众的体育活动，幼儿接触少，甚至没有听说过打保龄球运动，纯粹口头解说难以快速建立联系，通过播放视频有利于幼儿快速建立联系，激发兴趣。通过小组赛形式开展打保龄球游戏，不仅活跃了课堂氛围，还激发了幼儿参加活动的积极性，锻炼了幼儿拼搏竞争的意志品质。

七、跳房子

【设计者】欧阳中香（杭州市闲林职业高级中学）

【设计意图】跳房子是传统幼儿游戏。根据规则自编童谣，激发大班幼儿参加游戏的兴趣。童谣语言简洁，韵律优美，让幼儿体验语言的魅力，发展其语言表达的能力。

【教学目标】

体能目标：体验跳房子游戏，掌握跳房子游戏方法，锻炼跳跃能力。

认知情感目标：了解传统童谣，提高语言能力，感受传统文化魅力；通过小组竞赛等形式，培养幼儿合作和拼搏的精神。

【教学重点】掌握跳房子游戏方法。

【教学难点】手脑并用，唱着童谣跳房子。

【教学准备】运动场画好格子当作房子，小沙包。

【教学过程】

师：同学们，你们知道什么是童谣吗？你们唱什么童谣啊？对，看来你们掌握了很多童谣。今天我们要学习两首童谣,并以此来进行跳房子游戏。

老师带领幼儿进行热身运动。

老师向幼儿教授两首童谣:

“跳房子,乐趣多,单脚跳,双脚跳,左跳跳,右跳跳,向前跳,拣沙包,往回跳,乐悠悠,到达终点真开心!”

“小格子,大格子,我们一起造房子。你来跳,我来跳,我们一起都来跳。抛一抛,跑一跑,我们活蹦又乱跳!”

老师向幼儿教授跳房子游戏:幼儿站在第一格,朝线外扔出沙包,边唱童谣边跳。跨进第二格,单脚跳进第三格,双脚跨进第四格、第五格,然后左脚跳进第六格,右脚跳进第七格,双脚跳进第八格,捡起沙包。

老师带着幼儿跳房子,训练多次。动作熟练后,幼儿五人一组,进行跳房子接力比赛,不许犯规或少犯规,一名队员跳完后另一名队员接着跳,先跳完的小组获胜。

结束后进行放松运动。

【教学反思】跳房子游戏以发展幼儿跳跃素质为目标,将跳跃练习动作融入跳房子游戏,让幼儿在游戏中锻炼身体。同时,通过唱童谣,在活跃游戏氛围的同时,学习童谣的知识。

八、滚铁环

【设计者】欧阳中香(杭州市闲林职业高级中学)

【设计意图】滚铁环是20世纪盛行的民间游戏,用于锻炼动作的协调性和身体的灵敏性。本游戏对传统滚铁环游戏进行改编,引入铁环外形特点、材质的介绍,增加竞赛等环节,向大班幼儿传授科学知识,锻炼其运动技能,培养其拼搏精神。

【教学目标】

体能目标:体验滚铁环动作,掌握滚铁环方法,并能推动铁环快速跑动。

认知情感目标：了解铁的特性、圆形特点，并能举一反三说出其他形状；通过滚铁环游戏和接力赛，发展身体协调性，培养团结协作精神。

【教学重点】学习用铁钩滚铁环。

【教学难点】滚铁环接力小组赛。

【教学准备】粗铁丝自制大圆环，将细铁丝做成1米长、一端成“U”字形弯钩、一端成握手的铁钩，户外运动场。

【教学过程】

师：同学们，你们看老师手上拿的是什么东西？对，这是一个铁环。它的材质是铁，形状为圆形。铁是金属的一种。它具有较强的硬度，也有一定的韧性，非常适合制作成各类形状。圆形是一种形状。我们的生活中有哪些物体也是圆形的？除了圆形，你们还知道有什么形状呢？

老师拿出运动器材，引导幼儿思考可以怎样玩，让幼儿体验滚动铁环。

老师播放滚铁环游戏的图片和视频，讲授用铁钩滚铁环的游戏技巧。幼儿通过相互沟通，交流心得，练习滚铁环动作。

幼儿滚动铁环，绕运动场转圈。看谁推动得快，推动得稳。巩固技能，锻炼速度和身体协调性。

设置滚铁环竞速赛、20米直线滚动铁环竞速赛。看谁最快到达目的地。培养幼儿的拼搏精神。

设置滚铁环接力小组赛。组员相互配合，努力拼搏，培养学生的团结协作意识。

结束后放松运动。

【教学反思】在导入环节，介绍民间游戏的相关知识，可以丰富幼儿的知识。在游戏过程中，对游戏器材、游戏内容进行变化，加入符合大班幼儿特点的游戏竞赛环节，可以激发幼儿参与活动的积极性，锻炼运动的技能。设置必要的互动内容、团体活动内容，可以培养幼儿的团结协作精神。

九、突破险区

【设计者】俞冬君(杭州市闲林职业高级中学)

【设计意图】幼儿园大班幼儿的活动能力已经有了很大的提升,能够自主地跑、跳并掌握一些技巧,但在伙伴们之间的协作能力有待提高,同时大班幼儿的身体外形、体内机能、神经系统的发育发展正处在重要时期。针对大班孩子的这些特点,设计了“突破险区”游戏。

【教学目标】发展幼儿速度与敏捷能力,开动脑筋运用多种方式跑、跳,感受运动的快乐,使得幼儿热爱运动,培养幼儿机智、勇敢、遵守纪律的品质。

【教学重点】掌握团队协作能力。

【教学难点】开动脑筋,运用多种方式练习跑步。

【教学准备】空旷场地,音乐,播放器。

【教学过程】

老师带领幼儿跟着音乐做准备活动,主要活动头、肩、腰、腿。

师:小羊遇到大灰狼,小羊需要做什么?

安全教育提醒。要求:听到信号后,机灵地突破“险区”,到达安全地带。

老师介绍游戏规则:在场地上画一条中线,把场地一分为二,分别在每半场画能容纳全班孩子的一个圆圈。由一位小朋友扮作“恶狼”,站于中线上。其余孩子为“山羊”,他们三五成群,听到“归家”的信号后,用躲闪、快跑等敏捷动作逃避“恶狼”的追赶阻截,冲过“险区”,到达对面半场的安全圈。被“恶狼”抓住的小朋友,便成为它的“美餐”,暂时退出游戏场地,或与“恶狼”交换位置。

结束活动后,老师给胜利的小朋友以一定的奖励,并组织小朋友们做放松运动,然后有序回到教室。

【教学反思】幼儿对这种追逐游戏很感兴趣,孩子们能够与教师一边玩一边锻炼身体。活动中,幼儿能与同伴合作,同时通过躲闪、快跑等,提高自己动作的速度,使自己动作敏捷。

十、拉网捕鱼

【设计者】俞冬君(杭州市闲林职业高级中学)

【设计意图】幼儿园大班幼儿的活动能力已经有了很大的提升,能够自主地跑、跳并掌握一些技巧,但在伙伴们之间的协作能力有待提高,同时大班幼儿的身体外形、体内机能、神经系统的发育发展正处在重要时期。针对大班孩子的这些特点,设计了“拉网捕鱼”游戏。

【教学目标】根据游戏规则,能在指定范围内追着跑;培养幼儿的团队意识,使幼儿体验活动带来的挑战与快乐。

【教学重点】掌握团队协作能力。

【教学难点】在活动中不推拉他人,懂得保护自己和他人。

【教学准备】空旷场地,“渔网”道具,音乐,播放器。

【教学过程】

老师出示海洋背景的画面,将幼儿带入情境。

师:今天天气这么好,让我们去海洋遨游吧。

老师展示小朋友们熟悉的动物,让他们进入学习的情景。

师生一起模仿小鱼,在垫子上做准备操,进行拉伸运动。

师:小朋友们,我们一起去海洋捕鱼吧。要怎么才能捕到鱼呢?

师:渔夫用什么东西捕鱼的?小鱼在面对捕它的网时,应该怎么做啊?

孩子们分散在指定区域里。两个孩子手拉手开始追逐,追者必须用手里的“渔网”触击被追者,被触击到的就成为追者,加入“捕鱼行动”,游戏继续进行,“渔网”越来越长。仍然在场地上的“鱼儿”可以钻、跳,或冲破“渔网”逃脱,而“捕鱼”者应设法捕到所有的“鱼”。

游戏结束后,老师和小朋友们一起拉伸放松,然后有序回到教室。

【教学反思】在这个游戏中,幼儿体验了小鱼的感觉,在心理上得到了满足。幼儿们在配合中增长了知识,锻炼了身体,发展了幼儿动作的协作能力。

第五章　幼儿动商教育之手球实践

手球是常见的幼儿动商教育活动。在幼儿动商教育活动设计与组织过程中，教师需要根据幼儿不同年龄的特点以及兴趣，选择适合幼儿的手球运动，同时注意手球运动的复杂程度，根据对手球运动过程的观察进行及时的调整。

第一节　小班手球教学案例

一、我和手球宝宝做朋友

<table>
<tr><td colspan="2">课程主题</td><td colspan="2">我和手球宝宝做朋友</td></tr>
<tr><td colspan="2">教学目标</td><td colspan="2">通过模仿小动物走、跑、跳、爬，发展小班幼儿动作的协调性。在游戏实施过程中，培养小班幼儿的责任感和使命感，培养其团队合作意识</td></tr>
<tr><td colspan="3">教学流程</td><td>设计意图</td></tr>
<tr><td rowspan="2">开始部分</td><td>课堂导入</td><td>小朋友们，你们知道自己的生肖属相吗？真棒！你们还知道什么生肖属相啊？非常好！在我国，一共有十二个生肖属相，它们分别是鼠、牛、虎、兔、龙、蛇、马、羊、猴、鸡、狗、猪。听说它们要去参加动物王国的“模仿秀大赛”了，老师也收到邀请函，邀请我们一起去！你们要不要去参加比赛啊？好，今天我们就先模拟比赛一次，看看谁模仿的动物最像。可是，我们需要先一起活动活动身体，这样才会让我们更加安全地参加模仿秀大赛</td><td>激发幼儿参与</td></tr>
<tr><td>准备活动</td><td>常规准备内容：头部运动、肩部运动、扩胸运动、体转运动、腹背运动、弓步压腿、膝关节运动、手腕踝关节运动</td><td>在较短时间内让幼儿身体得到充分热身</td></tr>
</table>

续 表

教学流程			设计意图
基本部分	动物变变变	师：想一想，你们自己最喜欢的动物有什么特点？如走路的姿势或者动物叫声。等一会儿，老师会邀请某一位小朋友说出小动物的名字后，我们一起来模仿，好不好？好，下面我们就玩个“变变变”游戏。游戏时，老师问：“变变变。”幼儿就一起问：“变什么？”老师选择一位小朋友，小朋友说出他要模仿的小动物的名字。老师就带着所有的小朋友，一起学这个动物走路，或模仿这个动物的叫声。如说袋鼠，就集体模仿袋鼠走路的姿势——蹦蹦跳。变了3—4种小动物后，老师说：“我变成怪兽啦，要追捕‘小动物’了。”全体幼儿就原地快速蹲下，从而躲避“怪兽”，游戏依次反复	模仿小动物走、跑、跳、爬，发展动作的协调性
	认识手球	小朋友们，刚刚老师忘记告诉你们了，今天，老师还邀请了一些“神秘嘉宾”和我们一起做游戏。它们就是手球宝宝们！打开神秘纸箱，拿出手球。这些来自手球家族的宝宝们，你们喜欢不喜欢啊？据说，手球家族有十二位宝宝，分别对应十二生肖。今天老师带来的是牛年出生的“奔奔”。下面，就让我们和奔奔交朋友吧，好不好？我们来和奔奔一起做个游戏。老师这儿有两朵什么颜色的花？红花。黄花。你们看到红花时，就必须向前爬；你们看到黄花时，就必须后退爬。看谁先到终点，帮“奔奔”拿到今天的奖品	通过听手球宝宝“奔奔”的故事，了解手球家族，学会和“奔奔”交流。通过和“奔奔一起游戏”，强化幼儿的爱心和责任心
结束部分	放松	集合队伍，组织幼儿进行必要的放松活动（执教者根据实际自行设定活动形式及内容）	让幼儿身心恢复到正常水平
	分享	组织幼儿一同回忆不同动物的走路姿势及叫声，分享和手球宝宝“奔奔”交朋友的历程及所说的真心话	强化幼儿对动物的观察能力
教学建议	此为新学期第一次手球课。要设计好手球宝宝的故事，从而为后面的学习打好铺垫。在和“奔奔”一起爬的游戏中，可以为“奔奔”设置相应的角色功能，从而激发幼儿对其加以保护，培养幼儿的爱心和责任心		

二、保护手球宝宝

<table>
<tr><td colspan="2">课程主题</td><td colspan="2">保护手球宝宝</td><td>技术内容</td><td>变速跑;双手持球</td></tr>
<tr><td colspan="2">教学目标</td><td colspan="4">通过变向跑游戏,让小班幼儿掌握变向跑的动作要领,明确动作的作用。通过教学,让小班幼儿初步掌握双手持球技术,并能在游戏过程中加以运用。在游戏实施过程中,培养小班幼儿的责任感和使命感,培养其团队合作意识</td></tr>
<tr><td colspan="5">教学流程</td><td>设计意图</td></tr>
<tr><td rowspan="2">开始部分</td><td>课堂导入</td><td colspan="3">最近,手球宝宝“奔奔”很是苦恼,你们知道为什么吗?原来,近日来灰太狼开始频繁地骚扰“奔奔”的族人,导致手球宝宝们缺少食物,有时还要被迫转移。大家说,我们是不是应该去帮助它们啊!非常好!去之前,我们要掌握几个新本领</td><td>通过导语,激发幼儿参与活动的积极性,使幼儿产生使命感</td></tr>
<tr><td>准备活动</td><td colspan="3">头部运动、肩部运动、扩胸运动、体转运动、腹背运动、弓步压腿、膝关节运动、手腕踝关节运动</td><td>在较短时间内让幼儿身体得到充分热身</td></tr>
<tr><td rowspan="2">基本部分</td><td rowspan="2">变速跑</td><td>动作方法</td><td colspan="2">行进中,变速跑加速时,在原有速度基础上,利用前脚掌用力,快而短促地向后蹬地,同时上体前倾,重心向前移动,跑动频率加快,前两三步步幅稍小,手臂相应协调摆动;减速时,前脚掌用力抵地,减缓前冲的力量,步幅放大,上体立起,从而减慢跑动速度</td><td rowspan="2">提高幼儿的集中注意力,实践中提高变速跑能力</td></tr>
<tr><td>游戏
送粮食</td><td colspan="2">引语:手球宝宝“奔奔”向我们发出求救,它找到了许多的粮食,但是需要我们的帮助,才能将粮食送到族人家中。你们是不是非常愿意帮助“奔奔”啊。好,为了可以帮助奔奔,我们要先学习一项新本领——变速跑。教师讲解并示范变速跑,组织幼儿进行模仿练习。游戏:幼儿跑到粮库取出食物后,分别将粮食(即“手球”)送到“奔奔”族人的家中,快速返回。当有危险,即响起了鼓点的声音时,就要加速跑;相反,听到缓慢的敲击声音,就要慢速跑</td></tr>
</table>

续　表

<table>
<tr><th colspan="4">教学流程</th><th>设计意图</th></tr>
<tr><td rowspan="2">基本部分</td><td rowspan="2">双手持球</td><td>动作方法</td><td>双手持球时，两脚左右或前后站立，略宽于肩，两膝稍微弯曲，重心落在两脚之间，两手五指自然分开，用指根以上部位握住球的两侧，两个拇指成“八”字形，两肘关节微微外展，双手持球，处于胸腹之间</td><td rowspan="2">通过参与帮助手球妈妈运送手球宝宝的游戏，培养幼儿的爱心，在完成任务中将学到的能力加以实践</td></tr>
<tr><td>游戏
帮手球宝宝转移</td><td>刚接到消息，灰太狼要到手球村来抓手球宝宝啦！手球妈妈需要我们的帮助，将手球宝宝转移到安全的地方。我们用新学的本领去救它们吧。路上会有危险，你们要快速通过草地，再慢慢地通过一座小桥，就到了手球妈妈家了。运手球宝宝时，一定要轻拿轻放，安全地将手球宝宝放入安全箱内</td></tr>
<tr><td rowspan="2">结束部分</td><td>放松</td><td colspan="2">集合队伍，组织幼儿进行必要的放松活动(执教者根据实际情况自行设定活动形式及内容)</td><td>让幼儿身心恢复到正常水平</td></tr>
<tr><td>分享</td><td colspan="2">变速跑的口诀：“变速跑，真有趣，有时快，有时慢。”
双手持球的口诀：“双手把球握，两脚宽于肩；双膝稍弯曲，持球于腹前。”</td><td>加深动作概念及强化动作要领</td></tr>
<tr><td>教学建议</td><td colspan="4">根据教学对象的不同，在游戏实施过程中，可以增加相关体育器材，从而提高练习的难度。在分组上，要考虑到幼儿的身体差异，合理地分配运动的强度。在幼儿参与游戏的过程中，要积极渗透相关的德育内容</td></tr>
</table>

三、帮农民伯伯运南瓜

<table>
<tr><td colspan="3">课程主题</td><td>帮农民伯伯运南瓜</td><td>技术内容</td><td>侧身跑;滚球</td></tr>
<tr><td colspan="3">教学目标</td><td colspan="3">通过小马拉车游戏,让小班幼儿明确侧身跑动作的要领,知晓侧身跑的作用。通过滚球游戏,复习双手持球动作技术,提高手指对球的控制能力。培养小班幼儿的爱心意识、责任意识、团体合作意识、规则意识</td></tr>
<tr><td colspan="5">教学流程</td><td>设计意图</td></tr>
<tr><td rowspan="2">开始部分</td><td colspan="2">课堂导入</td><td colspan="2">最近,农民伯伯悲喜交加。你们知道为什么吗?老师得到的消息是:农民伯伯高兴的是种的南瓜大丰收,焦虑的是人手不够,南瓜不能及时搬回家。你们说,我们要不要去帮助农民伯伯啊?非常好!去之前,我们要掌握运南瓜的本领啊。我们的好朋友“奔奔”给我们带来了运南瓜的好办法。你们要不要学啊</td><td>通过导语,激发幼儿参与活动的积极性,使幼儿产生使命感</td></tr>
<tr><td colspan="2">准备活动</td><td colspan="2">头部运动、肩部运动、扩胸运动、体转运动、腹背运动、弓步压腿、膝关节运动、手腕踝关节运动</td><td>在较短时间内让幼儿身体得到充分热身</td></tr>
<tr><td rowspan="2">基本部分</td><td rowspan="2">侧身跑</td><td>动作方法</td><td colspan="2">侧身跑是队员在向前跑动时,为了充分观察来自后方的球或对方的情况而经常采用的一种跑动方法。跑动时,脚尖对着前进方向,上体和头部放松而扭转方向后,形成一肩前一肩后,上体侧对前方向的姿势</td><td rowspan="2">在游戏中完成侧身跑动作的练习,同时要提高幼儿的注意力和应变能力</td></tr>
<tr><td>游戏
小马拉车</td><td colspan="2">幼儿两人一组,前面的幼儿当小马,后面的学生当赶马人。游戏开始后一齐说:“小马,小马,慢慢跑,车上东西不能少。”前进一段距离后,老师引导每组后面的幼儿一齐说:“小马,小马,侧身跑,不然就要撞山了。”每组第一个幼儿听到后一齐说:“小马,小马,知道了。”大家一齐说:“嘚儿——驾!”当听到老师说:“吁——”幼儿要逐渐停下来,完全停止后,前后幼儿角色互换,继续游戏</td></tr>
</table>

续 表

<table>
<tr><th colspan="4">教学流程</th><th>设计意图</th></tr>
<tr><td rowspan="2">基本部分</td><td rowspan="2">滚球</td><td>动作方法</td><td>利用所学的双手持球动作完成捡球动作，并采用双手完成滚球动作。也可以利用单手持球动作完成捡球动作，采用单手完成滚球动作</td><td rowspan="2">强化幼儿双手持球或单手持球动作的能力，在滚球过程中提高手指对球的控制能力</td></tr>
<tr><td>游戏
滚南瓜</td><td>由于道路颠簸，尽管我们的小马和赶马人非常小心，可是路上还是掉了许多南瓜。怎么办？我们要把掉在地上的南瓜都捡回来。为了提高效率，我们可以通过滚南瓜来完成。“奔奔”最大的本领就是“滚动”。快看老师的“奔奔”滚动得多么快！（老师示范滚球动作。）下面就让我们和手球宝宝“奔奔”一起来完成这个任务吧</td></tr>
<tr><td rowspan="2">结束部分</td><td>放松</td><td colspan="2">集合队伍，组织幼儿进行必要的放松活动（执教者根据实际情况自行设定活动形式及内容</td><td>让幼儿身心恢复到正常水平</td></tr>
<tr><td>分享</td><td colspan="2">侧身跑技术口诀：“侧身跑，真有趣；跑动时，头侧转；一肩前，一肩后。”
滚球技术的口诀：“小小手球，真可爱，双手握球十指推，单手持球五指推。”</td><td>加深动作概念及强化动作要领</td></tr>
<tr><td>教学建议</td><td colspan="4">根据幼儿人数的实际情况。在“小马拉车”游戏中适当增减人数，从而提高幼儿的参与兴趣。在“滚南瓜”游戏中可以增加篮球或足球（视为大号的“奔奔”），通过滚大小不同的球，引导幼儿感知用手控制不同的球。在游戏过程中，强化幼儿的团队合作意识、规则意识、责任意识，养成良好的习惯</td></tr>
</table>

四、“奔奔”学本领

<table>
<tr><td colspan="3">课程主题</td><td>“奔奔”学本领</td><td>技术内容</td><td>后退跑;原地高运球</td></tr>
<tr><td colspan="3">教学目标</td><td colspan="3">通过“智斗灰太狼”游戏,让小班幼儿明确后退跑动作的要领,知晓后退跑的作用。通过“拍皮球”游戏,学习原地高运球动作,提高手指对球的控制能力。培养小班幼儿的爱心意识、责任意识、团体合作意识、规则意识</td></tr>
<tr><td colspan="5">教学流程</td><td>设计意图</td></tr>
<tr><td rowspan="2">开始部分</td><td colspan="2">课堂导入</td><td colspan="2">最近“奔奔”学习了很多本领。虽然它没有脚,可是圆圆的身体,非常具有弹性,就像袋鼠妈妈一样,一跳一跳,“跑”起来非常快！今天,“奔奔”要和我们一起学习新的本领。这需要小朋友的帮助才能完成。你们愿不愿意</td><td>通过导语,激发幼儿参与活动的积极性,使幼儿产生使命感</td></tr>
<tr><td colspan="2">准备活动</td><td colspan="2">头部运动、肩部运动、扩胸运动、体转运动、腹背运动、弓步压腿、膝关节运动、手腕踝关节运动</td><td>在较短时间内让幼儿身体得到充分热身</td></tr>
<tr><td rowspan="2">基本部分</td><td rowspan="2">后退跑</td><td>动作方法</td><td colspan="2">后退跑是队员为了观察场上的情况而背对前进方向的一种跑动方法。后退跑时,两脚提踵,用脚前掌迅速向后跑动,上体放松直起,两臂屈肘相应摆动,保持身体平衡,两眼平视,注意场上情况</td><td rowspan="2">通过情境营造,提高幼儿参与活动的趣味性。通过特定的转移方式,完成对后退跑动作的掌握</td></tr>
<tr><td>游戏
智斗灰太狼</td><td colspan="2">两个老师,一个做手球妈妈,一个扮演灰太狼。手球妈妈带着手球宝宝们在院子里学本领(即练习后退跑)。突然,手球妈妈看见远处的灰太狼正在靠近。手球妈妈急忙带领小手球们快速跑到屋内。灰太狼不甘心,持续地撞击屋门。手球妈妈果断地组织小手球们转移。为了及时看到灰太狼的行踪,手球妈妈和小手球们采用后退跑的方式,最后它们顺利地转移到安全地带</td></tr>
</table>

续　表

<table>
<tr><th colspan="4">教学流程</th><th>设计意图</th></tr>
<tr><td rowspan="2">基本部分</td><td rowspan="2">原地高运球</td><td>动作方法</td><td>原地高运球时，上体稍前倾，抬头看前方，以肘关节为轴，用手拍球的正上方，把球的落点控制在身体侧前方，当球从地面反弹至腰腹高度时按球</td><td rowspan="2">强化幼儿双手持球和单手持球动作的能力。在滚球过程中，提高手指对球的控制能力</td></tr>
<tr><td>游戏
拍皮球</td><td>组织小朋友扇形围坐在教师的正前方。游戏分为三个步骤：第一步，教师示范原地高运球动作，反复多做几次，使得所有小朋友都能看明白；第二步，小朋友模仿原地高运球动作，要鼓励小朋友主动参与，要有一定的顺序，避免出现混乱现象；第三步，播放《大皮球》音乐，组织幼儿进行拍皮球游戏</td></tr>
<tr><td rowspan="2">结束部分</td><td>放松</td><td colspan="2">集合队伍，组织幼儿进行必要的放松活动（执教者根据实际情况自行设定活动形式及内容）</td><td>让幼儿身心恢复到正常水平</td></tr>
<tr><td>分享</td><td colspan="2">后退跑技术口诀："后退跑，不要怕，两脚提，前掌蹬，上体要放松。"
原地高运球口诀："高运球，不要急，球到腰，拍下去。"</td><td>加深动作概念，强化动作要领</td></tr>
<tr><td colspan="2">教学建议</td><td colspan="3">在游戏"智斗灰太狼"中，教师可以增加之前学过的变速跑、变向跑、侧身跑等技术，同时增加相关音乐及器材，增加游戏的趣味性。在游戏"拍皮球"中，可以采取口头奖励、指标奖励相结合的方式，对于游戏完成度相对不高的小朋友要采用以口头奖励为主、指标奖励为辅的方式，多鼓励，多夸奖，发一朵小红花，而对于积极性较高、游戏完成比较好的小朋友，可以发两朵小红花。</td></tr>
</table>

五、手球村趣味运动会

<table>
<tr><td colspan="3">课程主题</td><td>手球村趣味运动会</td><td>技术内容</td><td>综合复习</td></tr>
<tr><td colspan="3">教学目标</td><td colspan="3">通过“手球村运动会”游戏，让小班幼儿对所学的动作加以巩固。明白刻苦练习对于掌握动作极其重要。培养小班幼儿的规则意识</td></tr>
<tr><td colspan="5">教学流程</td><td>设计意图</td></tr>
<tr><td rowspan="2">开始部分</td><td colspan="2">课堂导入</td><td colspan="2">小朋友们，手球宝宝“奔奔”陪伴我们学习了很多本领，同时教会了手球村的小战士们！确保了手球村村民不被灰太狼骚扰。刚刚，“奔奔”告诉老师，手球村要召开趣味运动会了，希望我们去参加，你们想参加吗？好，我们先模拟比赛一下</td><td>通过导语，激发幼儿参与比赛的积极性，使幼儿产生使命感</td></tr>
<tr><td colspan="2">准备活动</td><td colspan="2">头部运动、肩部运动、扩胸运动、体转运动、腹背运动、弓步压腿、膝关节运动、手腕踝关节运动</td><td>在较短时间内让幼儿身体得到充分热身</td></tr>
<tr><td rowspan="3">基本部分</td><td rowspan="3">手球村运动会</td><td>看谁速度快</td><td colspan="2">小朋友们，我们学习了变速跑、变向跑、侧身跑、后退跑、弧形跑、折返跑、单脚跳、双脚跳、前转身、后转身、侧滑步、前滑步、后滑步等等本领。今天我们就比一比，看看哪一组最快完成比赛项目。速度接力比赛(教师自行设定)</td><td>通过不同路线及相关器材的设置，巩固相关动作</td></tr>
<tr><td>看谁投得远</td><td colspan="2">小朋友们，我们都学习了哪几种射门动作啊？对，有原地肩上射门、向上跳起肩上射门。今天我们就来比一比，看看谁投得最远。投远比赛(教师自行设定)</td><td>通过投远比赛，巩固原地肩上射门和向上跳起肩上射门等动作</td></tr>
<tr><td>看谁投得准</td><td colspan="2">小朋友们，刚刚我们比了投远，现在我们要比一比，看看哪一组投得更准。集体投准比赛(教师自行设定)</td><td>通过投准比赛，巩固原地肩上射门和向上跳起肩上射门等动作</td></tr>
</table>

续表

<table>
<tr><th colspan="3">教学流程</th><th>设计意图</th></tr>
<tr><td rowspan="2">结束部分</td><td>放松</td><td>集合队伍，组织幼儿进行必要的放松活动（执教者根据实际情况自行设定活动形式及内容）</td><td>让幼儿身心恢复到正常水平</td></tr>
<tr><td>分享</td><td>组织幼儿分享比赛中带来的快乐。说一说周边小朋友的表现。引导幼儿明白还有进步的空间</td><td>加深动作概念，强化动作要领</td></tr>
<tr><td>教学建议</td><td colspan="3">根据幼儿对相关所学动作的掌握程度，教师设计相应的比赛项目及规则</td></tr>
</table>

第二节 中班手球教学案例

一、“奔奔”上山学艺（一）

<table>
<tr><td>课程主题</td><td colspan="2">“奔奔”上山学艺(一)</td><td>技术内容</td><td>原地高低运球</td></tr>
<tr><td>教学目标</td><td colspan="4">通过各种爬、走、跳、跑等动作的综合运用，提高中班幼儿身体的综合素质。通过游戏，加强中班幼儿对原地高运球和原地低运球动作的掌握。在游戏过程中，积极引导中班幼儿学会合作与分享，养成良好的学习习惯</td></tr>
<tr><td colspan="4">教学流程</td><td>设计意图</td></tr>
<tr><td rowspan="2">开始部分</td><td>课堂导入</td><td colspan="2">最近，手球宝宝“奔奔”开始上山学艺。因为它深深感觉到自己肩上的责任，只有学好了本领，才能保卫手球村。进山后，“奔奔”遇到了什么困难？拜谁为师？学到了哪些本领呢？让我们一同打开“奔奔”学艺的笔记本，来看一看吧</td><td>激发幼儿参与活动的积极性，使幼儿产生使命感</td></tr>
<tr><td>准备活动</td><td colspan="2">基本内容：头部运动、肩部运动、扩胸运动、体转运动、腹背运动、弓步压腿、膝关节运动、手腕踝关节运动(教师可以根据实际情况加以选择及创新)</td><td>在较短时间内让幼儿身体得到充分热身</td></tr>
</table>

续 表

教学流程					设计意图
基本部分	综合素质	游戏 鸡妈妈睡醒了	引语	“奔奔”进山的路途中，途经鸡妈妈家，看见鸡妈妈正在教小鸡们走路	通过游戏，训练幼儿用脚尖走路的能力。在迅速跑回家的道路上，通过躲避障碍物而训练幼儿的灵敏性
			方法	全体幼儿扮小鸡，老师扮鸡妈妈。游戏开始后，老师对大家说：“现在我要睡觉了，淘气的小鸡不要大声吵。”说完就闭上眼睛。这时小鸡就离开位置，脚跟离地，用脚尖走路，轻轻地在活动场地走，并发出“唧唧”的叫声。过了一会儿，“鸡妈妈”醒了，站起来说：“淘气的小鸡都跑到哪儿去了？快回家吧！”所有的小鸡迅速回到原来的位置，站好，看谁的动作最快、最轻	
			规则	小鸡必须等妈妈睡了，才能离开，轻轻走动；听到呼唤，要赶快回来。小鸡不能走出室外	
	原地高低运球	游戏 红灯停绿灯行	要点	原地高运球口诀：“高运球，不要急，球过腰，拍下去。” 原地低运球口诀：“低运球，速度快，眼看清，手要快。”	通过练习运球，提高幼儿对球的控制能力。培养幼儿的规则意识
			引语	“奔奔”认真地记下鸡妈妈教给小鸡“轻轻走的方法”。刚要离开时，“奔奔”又停下脚步，又开始记录起来	

续表

<table>
<tr><th colspan="5">教学流程</th><th>设计意图</th></tr>
<tr><td rowspan="2">基本部分</td><td rowspan="2">原地高低运球</td><td rowspan="2">游戏
红灯停绿灯行</td><td>方法</td><td>用厚纸做一个信号灯。在场地的一端画一条白线,幼儿站在白线的后边(可以不排队)。游戏开始,老师拿出信号灯和幼儿一起唱歌谣:“大街口,信号灯,红黄绿,分得清;红灯亮,停一停;绿灯亮,往前行;交通规则要记清。”然后老师到场地的另一端变换信号灯,绿灯时幼儿双手持球快走,红灯时原地运球。老师看见谁不遵守交通规则,就让谁回到起点再走。先到者胜</td><td rowspan="2">通过练习运球,提高幼儿对球的控制能力。培养幼儿的规则意识</td></tr>
<tr><td>规则</td><td>必须按信号做动作,否则退回起点</td></tr>
<tr><td rowspan="2">结束部分</td><td>放松</td><td colspan="3">集合队伍,组织幼儿进行必要的放松活动(执教者根据实际情况自行设定活动形式及内容)</td><td>让幼儿身心恢复到正常水平</td></tr>
<tr><td>分享</td><td colspan="3">组织幼儿一同回忆:奔奔”都看到了什么?分享游戏中自己的收获:“大街口,信号灯,红黄绿,分得清;红灯亮,停一停;绿灯亮,往前行;交通规则要记清。”</td><td>强化规则意识</td></tr>
<tr><td colspan="2">教学建议</td><td colspan="4">教师可以根据中班幼儿的身体条件,在“鸡妈妈睡醒了”游戏中设置不同的走法,以便增加幼儿参与游戏的积极性。在“红灯停绿灯行”游戏中,可以增加相关的障碍物,或设置相关的音乐,并对运球动作加以规范</td></tr>
</table>

二、"奔奔"上山学艺（二）

<table>
<tr><td>课程主题</td><td colspan="3">"奔奔"上山学艺(二)</td><td colspan="2">技术内容</td><td>原地高低运球</td></tr>
<tr><td>教学目标</td><td colspan="6">通过各种爬、走、跳、跑等动作的综合运用，提高中班幼儿身体的综合素质。通过游戏，加强中班幼儿对原地高运球和原地低运球动作的掌握。在游戏过程中，积极引导中班幼儿学会合作与分享，养成良好的学习习惯</td></tr>
<tr><td colspan="6">教学流程</td><td>设计意图</td></tr>
<tr><td rowspan="2">开始部分</td><td colspan="3">课堂导入</td><td colspan="2">鸡妈妈看见爱学习的手球宝宝"奔奔"，邀请其住了下来。第二天，早上起来，发现身边的小鸡和鸡妈妈都不见了。"奔奔"顿时紧张起来，它跑出了房间</td><td>激发幼儿参与活动的积极性，使幼儿产生使命感</td></tr>
<tr><td colspan="3">准备活动</td><td colspan="2">基本内容：头部运动、肩部运动、扩胸运动、体转运动、腹背运动、弓步压腿、膝关节运动、手腕踝关节运动（教师可以根据实际情况加以选择及创新）</td><td>在较短时间内让幼儿身体得到充分热身</td></tr>
<tr><td>基本部分</td><td>综合素质</td><td>游戏
小鸡找虫吃</td><td colspan="2">引语</td><td>"奔奔"跑出房间，一眼就看见鸡妈妈正带着小鸡们在不远处……原来是鸡妈妈教小鸡们找虫吃呢</td><td>通过游戏，让幼儿练习走、跑，听指令做动作，训练幼儿动作的灵敏性</td></tr>
</table>

续　表

<table>
<tr><th colspan="5">教学流程</th><th>设计意图</th></tr>
<tr><td rowspan="4">基本部分</td><td rowspan="2">综合素质</td><td rowspan="2">游戏
小鸡找虫吃</td><td>方法</td><td>场地一端为小鸡的家，其余的地方为草地。老师扮妈妈，小朋友扮小鸡。游戏开始时，老师带小朋友们边唱儿歌边在草地上慢慢走来走去，唱完儿歌，一起来到场地中央。老师蹲下，学鸡妈妈说“叽叽叽”，用手模仿“找虫吃”的动作。小朋友们学着老师的动作。老师站起来换一个地方，小朋友也跟着换。这样反复几次，最后老师说：“天黑了，小鸡们快回家吧！”小朋友跟着老师跑回家</td><td rowspan="2">通过游戏，让幼儿练习走、跑，听指令做动作，训练幼儿动作的灵敏性</td></tr>
<tr><td>规则</td><td>小鸡必须和鸡妈妈一起唱儿歌，不能随意离开草地</td></tr>
<tr><td rowspan="2">原地高低运球</td><td>要点</td><td colspan="2">原地高运球口诀：“高运球，不要急，球过腰，拍下去。”
原地低运球口诀：“低运球，速度快，眼看清，手要快。”</td><td rowspan="2">通过练习，培养幼儿的应变能力，培养幼儿的规则意识</td></tr>
<tr><td>游戏
过十字路口</td><td>引语</td><td>“奔奔”认真观察鸡妈妈的动作，看着小鸡们在鸡妈妈的带领下有序地将找到的食物运回家</td></tr>
</table>

续 表

<table>
<tr><th colspan="5">教学流程</th><th>设计意图</th></tr>
<tr><td rowspan="2">基本部分</td><td rowspan="2">原地高低运球</td><td rowspan="2">游戏
过十字路口</td><td>方法</td><td>交通灯头饰一个(前面是绿灯,后面是红灯),交通工具头饰若干。场地布置:在操场或平整的空地上,用粉笔画出十字路口、横道线和停车线。老师担任交通警察,一名幼儿头戴交通灯头饰站在十字路口中间,部分幼儿头戴交通工具头饰,其余幼儿做汽车司机(要高低运球前行),可在停车线外的马路和人行道上行走。当听到老师的铃声后,交通灯按一定的方向转向(每次转90°),车辆和行人要按照交通灯红绿信号的改变,作出相应的停止前进或继续前进的动作。游戏中,交通警察如发现有违规现象,就请扮演者退出场外,并对他讲解交通规则,暂停一次游戏</td><td rowspan="2">通过练习,培养幼儿的应变能力,培养幼儿的规则意识</td></tr>
<tr><td>规则</td><td>必须按信号做动作,否则将退回起点</td></tr>
<tr><td rowspan="2">结束部分</td><td>放松</td><td colspan="3">集合队伍,组织幼儿进行必要的放松活动(执教者根据实际情况自行设定活动形式及内容)</td><td>让幼儿身心恢复到正常水平</td></tr>
<tr><td>分享</td><td colspan="3">组织幼儿一同回忆:“奔奔”都看到了什么?分享游戏中自己的收获:“信号灯,红黄绿,红灯亮,停一停;绿灯亮,往前行。”</td><td>强化规则意识</td></tr>
<tr><td colspan="2">教学建议</td><td colspan="4">教师可以根据中班幼儿的身体条件,在“鸡找虫吃”游戏中设置不同的走法,以便增加幼儿参与活动的积极性;在“十字路口”游戏中可以增加相关的障碍物,或设置相关的音乐,并对运球动作加以规范</td></tr>
</table>

三、“奔奔”上山学艺（三）

<table>
<tr><td colspan="2">课程主题</td><td colspan="2">“奔奔”上山学艺(三)</td><td>技术内容</td><td>两人抛接球</td></tr>
<tr><td colspan="2">教学目标</td><td colspan="4">通过各种爬、走、跳、跑等动作的综合运用，提高中班幼儿的综合身体素质。通过游戏，加强中班幼儿对两人抛接球技术动作的掌握。在游戏过程中，积极引导中班幼儿学会合作与分享，养成良好的学习习惯</td></tr>
<tr><td colspan="5">教学流程</td><td>设计意图</td></tr>
<tr><td rowspan="2">开始部分</td><td>课堂导入</td><td colspan="3">第二天，手球“奔奔”又在鸡妈妈家住了一晚。晚上睡觉时，想到自己此次离开手球村的目的，“奔奔”无法入睡。它决定天亮后就和鸡妈妈及小鸡们告别。在前进的路上，它听到了“迈开步，向前走，找个朋友拉起手”。“奔奔”加快了脚步，声音也越来越清晰了</td><td>激发幼儿参与活动的积极性，使幼儿产生使命感</td></tr>
<tr><td>准备活动</td><td colspan="3">基本内容：头部运动、肩部运动、扩胸运动、体转运动、腹背运动、弓步压腿、膝关节运动、手腕踝关节运动(教师可以根据实际情况加以选择及创新)</td><td>在较短时间内让幼儿身体得到充分热身</td></tr>
<tr><td rowspan="3">基本部分</td><td rowspan="3">综合素质</td><td rowspan="3">游戏
找朋友</td><td>引语</td><td>终于，“奔奔”来到声音传出的地方，原来是一群小动物在做游戏。小动物们看见“奔奔”，邀请“奔奔”一起做游戏</td><td rowspan="3">通过游戏，让幼儿按指定的方向走、跑、跳，以此训练幼儿动作的灵敏性</td></tr>
<tr><td>方法</td><td>幼儿分成两排，分别站在场地的两端横线后面(相距10米)。游戏开始，幼儿从一端走向另一端，边走边说：“迈开步，向前走，找个朋友拉起手。”说完，走到对面，拉起一位幼儿的手，互相问候：“你好！”然后再往回走，边走边说：“迈开步，往回走，走到家里等朋友。”走到横线处，转过身，站好。另一排幼儿再做。</td></tr>
<tr><td>规则</td><td>必须向对面幼儿走去。如果唱完儿歌，幼儿没有走到对面，可重复一遍儿歌</td></tr>
</table>

续　表

<table>
<tr><th colspan="5">教学流程</th><th>设计意图</th></tr>
<tr><td rowspan="4">基本部分</td><td rowspan="4">复习两人抛接球</td><td>要点</td><td colspan="2">抛接球技术口诀：掌心向上，缓慢抛出，接球下蹲</td><td rowspan="4">通过练习，培养幼儿抛接球的能力，明确团队合作的作用并养成规则的意识</td></tr>
<tr><td rowspan="3">游戏
过十字路口</td><td>引语</td><td>“奔奔”做完游戏，准备和小动物们告别。远处跑来一只小袋鼠，它边跑边喊：“不好了，不好了，羊爷爷家的菜地要被水淹了。”“奔奔”和其他小动物一起来到羊爷爷的菜地。羊爷爷和羊宝宝们正在用石块堵水，可是石块太少了，根本来不及堵住水。于是大家开始一起帮助羊爷爷运石块</td></tr>
<tr><td>方法</td><td>老师扮演羊爷爷，幼儿扮演自己喜欢的小动物，分成四列横队，站立，一、三排的小朋友向后转，分别和二、四排的小朋友面对面站立。游戏开始后，一、三排的第一位小朋友到石块堆(即手球箱)取出一个石块，抛给第二排的第一位，接到球后的小朋友将球排向一排的小朋友，直至将球传递到最后一位小朋友，最后一位小朋友将石块快速递给羊爷爷</td></tr>
<tr><td>规则</td><td>传递过程中必须采用抛接动作。球掉后，要迅速捡起来并跑到自己的位置再进行抛接传递</td></tr>
<tr><td rowspan="2">结束部分</td><td>放松</td><td colspan="3">集合队伍，组织幼儿进行必要的放松活动(执教者根据实际情况自行设定活动形式及内容)</td><td>让幼儿身心恢复到正常水平</td></tr>
<tr><td>分享</td><td colspan="3">组织幼儿一同回忆：“奔奔”都看到了什么？”分享游戏中自己的收获：“掌心向上，缓慢抛出，接球下蹲。”</td><td>强化规则意识</td></tr>
<tr><td>教学建议</td><td colspan="5">教师根据幼儿的实际情况，可以将第一个游戏中的走改为跑，或者增加走路姿势的要求，从而提高游戏的趣味性和难度。第二个游戏中，可以通过播放一些节奏快的音乐，激发幼儿传递球的热情</td></tr>
</table>

四、"奔奔"上山学艺（四）

<table>
<tr><td colspan="2">课程主题</td><td colspan="3">"奔奔"上山学艺(四)</td><td>技术内容</td><td>单手肩上射门</td></tr>
<tr><td colspan="2">教学目标</td><td colspan="5">通过各种爬、走、跳、跑等动作的综合运用，提高中班幼儿的综合身体素质。通过游戏，加强中班幼儿对单手肩上射门技术动作的巩固。在游戏过程中，积极引导中班幼儿学会合作与分享，养成良好的学习习惯</td></tr>
<tr><td colspan="6">教学流程</td><td>设计意图</td></tr>
<tr><td rowspan="2">开始部分</td><td>课堂导入</td><td colspan="4">"奔奔"累了一天，在羊爷爷家里美美地睡了一觉。第二天起来准备继续赶路，却被羊爷爷告知：灰太狼在村外，不能马上离开！怎么办？"奔奔"紧张起来。羊爷爷告诉"奔奔"：不要怕，爷爷教你一个本领，可以保证你安全摆脱灰太狼的威胁……</td><td>激发幼儿参与活动的积极性，使幼儿产生使命感</td></tr>
<tr><td>准备活动</td><td colspan="4">基本内容：头部运动、肩部运动、扩胸运动、体转运动、腹背运动、弓步压腿、膝关节运动、手腕踝关节运动（教师可以根据实际情况加以选择及创新）</td><td>在较短时间内让幼儿身体得到充分热身</td></tr>
<tr><td>基本部分</td><td>综合素质</td><td>游戏
灵活的羊宝宝</td><td>引语</td><td colspan="2">"奔奔"在爷爷的指引下，和"羊宝宝"开始了新本领的学习……</td><td>练习跑的动作，发展灵活躲闪的能力</td></tr>
</table>

续 表

<table>
<tr><th colspan="5">教学流程</th><th>设计意图</th></tr>
<tr><td rowspan="4">基本部分</td><td rowspan="2">综合素质</td><td rowspan="2">游戏
灵活的羊宝宝</td><td>方法</td><td>一位幼儿扮狼，其他幼儿扮羊。游戏开始，全体幼儿手拉手成圆圈，边走边念儿歌："一二三、三二一，站个圆圈做游戏。羊群里面有只狼，不知躲在啥地方。小羊小羊要当心，千万别让狼追上。"念完，四散跑开。狼开始追捉，被狼捉到(用手拍到就算捉住)的羊要暂停游戏。稍许，老师可与一位幼儿拉手高举，作为山洞，小羊陆续钻进去休息。仍被狼追逐的其他小羊，要想办法躲闪，钻进山洞。直到未被捉住的羊都钻进山洞，游戏结束</td><td rowspan="2">练习跑的动作，发展灵活躲闪的能力</td></tr>
<tr><td>规则</td><td>念完儿歌，小羊方可四散跑，狼才可去追去捉。被狼捉到的羊要暂停游戏，不可进山洞。狼不可进山洞捉羊</td></tr>
<tr><td rowspan="2">单手肩上射门</td><td>要点</td><td colspan="2">两脚前后站，持球于体前，挥臂高于肩，射门快又准</td><td rowspan="2">发展幼儿单手肩上射门的能力，以此训练幼儿动作的灵敏性</td></tr>
<tr><td>游戏
空运粮食</td><td>引语</td><td>"奔奔"学到了本领，充满信心。正在这时，一只羊宝宝慌里慌张地跑来，告诉羊爷爷：灰太狼要来偷我们的粮食。羊爷爷只好带领小羊们转移粮食</td></tr>
</table>

续　表

<table>
<tr><th colspan="5">教学流程</th><th>设计意图</th></tr>
<tr><td rowspan="2">基本部分</td><td rowspan="2">单手肩上射门</td><td rowspan="2">游戏
空运粮食</td><td>方法</td><td>画四条线，请两位幼儿当狼，站在山沟里（即第二条线和第三条线构成的河里）。其余幼儿集中站在第一条线的外侧（即东山坡上）。老师当羊妈妈。游戏开始时，小羊说："东山坡，西山坡，青青的草儿长满坡。妈妈、妈妈您快说，咱们投向哪山坡？"羊妈妈用手指向某山坡，小羊将粮食投向指定的山坡，并跨过小河快速捡起粮食。狼则在山沟里拦截粮食（即手球）。粮食掉进小河并被狼捡到的小朋友应立即退出游戏。待未被截住粮食的小羊全部到指定的山坡后，游戏重新开始</td><td rowspan="2">发展幼儿单手肩上射门的能力，以此训练幼儿动作的灵敏性</td></tr>
<tr><td>规则</td><td>狼不准跑出山沟去捕捉小羊，不准用力拍打。羊必须跨过山沟，不准从场外跑</td></tr>
<tr><td rowspan="2">结束部分</td><td>放松</td><td colspan="3">集合队伍，组织幼儿进行必要的放松活动（执教者根据实际情况自行设定活动形式及内容）</td><td>让幼儿身心恢复到正常水平</td></tr>
<tr><td>分享</td><td colspan="3">组织幼儿一同回忆："奔奔"都看到了什么？分享游戏中自己的收获："两脚前后站，持球于体前，挥臂高于肩，射门快又准。"</td><td>强化规则意识</td></tr>
<tr><td>教学建议</td><td colspan="5">本节课中的两个游戏存在一定的危险性，告知幼儿在奔跑中要避免发生碰撞</td></tr>
</table>

五、“奔奔”上山学艺（五）

<table>
<tr><td colspan="2">课程主题</td><td colspan="2">“奔奔”上山学艺(五)</td><td>技术内容</td><td>原地运两只球(同时起落)</td></tr>
<tr><td colspan="2">教学目标</td><td colspan="4">通过各种爬、走、跳、跑、转等动作,提高中班幼儿的综合身体素质。通过游戏,引导中班幼儿对原地运两只球技术动作要领的掌握。在游戏过程中,积极引导中班幼儿学会合作与分享,养成良好的学习习惯</td></tr>
<tr><td colspan="5">教学流程</td><td>设计意图</td></tr>
<tr><td rowspan="2">开始部分</td><td colspan="2">课堂导入</td><td colspan="2">在大家的齐心协力下,羊爷爷的多数粮食得以转移。“奔奔”非常开心,自己终于可以放心地和羊爷爷及羊宝宝告别了。它开始了新的学艺</td><td>激发幼儿参与活动的积极性,使幼儿产生使命感</td></tr>
<tr><td colspan="2">准备活动</td><td colspan="2">基本内容:头部运动、肩部运动、扩胸运动、体转运动、腹背运动、弓步压腿、膝关节运动、手腕踝关节运动(教师可以根据实际情况加以选择及创新)</td><td>在较短时间内让幼儿身体得到充分热身</td></tr>
<tr><td rowspan="3">基本部分</td><td rowspan="3">综合素质</td><td rowspan="3">游戏
小转椅</td><td>引语</td><td>“奔奔”告别了羊爷爷和羊宝宝,一边走一边开心地欣赏路上的美景。“奔奔”走过一片小树林,眼前出现一座美丽的小房子。“奔奔”走近一看,原来是狗宝宝的家。院子里,几只狗宝宝正在和狗妈妈做游戏</td><td rowspan="3">练习闭眼起踵转,发展幼儿的平衡能力</td></tr>
<tr><td>方法</td><td>在公园里(即幼儿园的场地上),幼儿四散站立,游戏开始。老师说:“公园里有许多转椅,有单人的、双人的,还有许多人乘坐的,我们来玩吧!”然后发出信号:“单人转椅!”幼儿两手叉腰,闭眼原地起踵自转。老师又发出信号:“双人转椅!”幼儿便两人一组,手拉手,手臂伸直,闭眼起踵向左(或右)转圈。老师再发出信号:“大转椅!”幼儿便集体拉成一个大圆圈,手臂伸直,闭眼起踵向左(或右)转圈。</td></tr>
<tr><td>规则</td><td>幼儿拉手转时,不能松手</td></tr>
</table>

续　表

<table>
<tr><th colspan="5">教学流程</th><th>设计意图</th></tr>
<tr><td rowspan="4">基本部分</td><td rowspan="4">原地运两只球同时起落</td><td>要点</td><td colspan="2">两脚前后开立,稍分前后,两膝微屈,两手各持一个球。运球时,两手同时放球,按同一节拍两手运球</td><td rowspan="4">发展幼儿双手运球动作的能力</td></tr>
<tr><td rowspan="3">游戏
双手拍皮球</td><td>引语</td><td>“奔奔”与狗宝宝们玩得非常开心。“奔奔”吃了些甜点后,狗妈妈起身说:“奔奔,我给你表演个绝技吧!”“奔奔”问:“是什么啊?”“你看!”“哇,您好厉害啊!”</td></tr>
<tr><td>方法</td><td>组织小朋友扇形围坐在老师的正前方。老师示范双手运球动作,多次示范后组织幼儿进行模仿。一段时间后,老师播放《大皮球》音乐,组织幼儿进行拍球游戏</td></tr>
<tr><td>规则</td><td>根据音乐的节奏运球,要求双手同时运球</td></tr>
<tr><td rowspan="2">结束部分</td><td>放松</td><td colspan="3">集合队伍,组织幼儿进行必要的放松活动(执教者根据实际情况自行设定活动形式及内容)</td><td>让幼儿身心恢复到正常水平</td></tr>
<tr><td>分享</td><td colspan="3">组织幼儿一同回忆:“奔奔”都看到了什么?分享游戏中自己的收获</td><td>强化规则意识</td></tr>
<tr><td>教学建议</td><td colspan="5">本节课中的原地运两只球,动作较难,需要幼儿具备较好的控球能力,因此在完成次数上不要求多,要多鼓励,引导幼儿正确面对失败,指导幼儿在失败中找到具体的原因</td></tr>
</table>

第三节 大班手球教学案例

一、“奔奔”奇遇记（一）

<table>
<tr><td>课程主题</td><td colspan="2">“奔奔”奇遇记(一)</td><td>技术内容</td><td>行进间低运球</td></tr>
<tr><td>教学目标</td><td colspan="4">通过游戏“勇往直前”,使大班幼儿在轻松愉快的活动中锻炼下肢力量和协调性。通过游戏,引导幼儿理解与掌握行进间低运球动作。在游戏过程中,积极引导幼儿学会合作与分享</td></tr>
<tr><td colspan="4">教学流程</td><td>设计意图</td></tr>
<tr><td rowspan="2">开始部分</td><td>课堂导入</td><td colspan="2">手球宝宝“奔奔”上山学艺后,增长了许多本领,但是它并没有骄傲,因为它知道“山外有山”的道理。于是,它又开始了新的学习。小朋友们,你们想知道,“奔奔”又遇到了什么吗?好,那就和老师一同来看看“奔奔”奇遇记吧!</td><td>激发幼儿参与活动的积极性</td></tr>
<tr><td>准备活动</td><td colspan="2">基本内容:头部运动、肩部运动、扩胸运动、体转运动、腹背运动、弓步压腿、膝关节运动、手腕踝关节运动(教师可以根据实际情况加以选择及创新)</td><td>在较短时间内让幼儿身体得到充分热身</td></tr>
</table>

续　表

<table>
<tr><th colspan="5">教学流程</th><th>设计意图</th></tr>
<tr><td rowspan="3">基本部分</td><td rowspan="3">综合素质</td><td rowspan="3">游戏
勇往直前</td><td>引语</td><td>“奔奔”走进茂密的森林,听见远处的声音:“有人吗,快来救救我啊!”“奔奔”顺着呼救声的方向,加快脚步,克服了许多困难后,“奔奔”看到几个手球宝宝被困在“陷阱”里。正在这时,远处传来了可怕的声音。怎么办?手球宝宝有危险啦!对,我们大家和“奔奔”一起去营救它们吧!</td><td rowspan="3">通过锻炼,使幼儿在轻松愉快的活动中锻炼下肢力量,发展协调性</td></tr>
<tr><td>方法</td><td>分成人数相等的四个队,以哨声为令,发出开始比赛的信号后,每队的第一名队员迅速起跑,用单脚或双脚从一个图形跳到另一个图形,三角形的要单脚跳,圆形的要双脚跳。然后继续跑到前面的一号目标点,将一号目标点的手球抛起,作为第二个幼儿起跑的信号。第二个幼儿接住手球放回原处,再继续向小红旗跑去,途中跳过方凳,跑到终点拿一个手球,跑回本队,并将手球放在端线后的圆圈里,自己站到本队的排尾。如此每人做一次,以夺得最后一个手球的队为胜。手球总数等于参加游戏人数减一</td></tr>
<tr><td>规则</td><td>必须按规定的方法通过障碍;前一队员将球抛起,后一队员才能起跑;如将障碍物碰倒,必须扶起并在原地放好以后才能继续跑;通过小红旗,只能拿一只沙包</td></tr>
</table>

续 表

<table>
<tr><th colspan="5">教学流程</th><th>设计意图</th></tr>
<tr><td rowspan="4">基本部分</td><td rowspan="4">行进间低运球</td><td>要点</td><td colspan="2">行进间低运球的口诀:“低运球,速度快,眼看清,手要快。”</td><td rowspan="4">通过练习,提高幼儿行进间低运球的能力。通过“开心把粮运”游戏,让幼儿明白帮助他人是开心的</td></tr>
<tr><td rowspan="3">游戏
开心把粮运</td><td>引语</td><td>被营救出来的手球宝宝和“奔奔”抱在一起,都夸“奔奔”勇敢。原来,几个手球宝宝是平日里看见爸爸、妈妈太辛苦了,想分担一下,就外出找食物,不慎掉入“陷阱”。小朋友们,现在我们一起帮它们将食物运回家吧</td></tr>
<tr><td>方法</td><td>老师站立于手球场中线的中点处,幼儿以老师为圆心站好。老师讲解行进间低运球的动作要领,多次示范后,调整幼儿间的距离,组织幼儿进行行进间低运球,3—5次,转身反复。在练习一段时间后,组织“开心把粮运”游戏</td></tr>
<tr><td>规则</td><td>按照教师设定的路线及规定的运球动作进行</td></tr>
<tr><td rowspan="2">结束部分</td><td>放松</td><td colspan="3">集合队伍,组织幼儿进行必要的放松活动(执教者根据实际情况自行设定活动形式及内容)</td><td>让幼儿身心恢复到正常水平</td></tr>
<tr><td>分享</td><td colspan="3">组织幼儿一同回忆:“奔奔”都看到了什么?分享游戏中自己的收获:“低运球,速度快,眼看清,手要快。”</td><td>养成善于总结与分析的习惯</td></tr>
<tr><td colspan="2">教学建议</td><td colspan="4">在实践中要根据幼儿的具体表现及时修正游戏规则和练习方式。重点放在行进间低运球动作的规范上</td></tr>
</table>

二、“奔奔”奇遇记（二）

<table>
<tr><td>课程主题</td><td colspan="4">“奔奔”奇遇记(二)</td><td>技术内容</td><td>行进间高运球</td></tr>
<tr><td>教学目标</td><td colspan="6">通过各种爬、走、跳、跑等动作的综合运用,提高大班幼儿的综合身体素质。通过游戏,引导幼儿理解与掌握原地高运球动作。在游戏过程中,积极引导幼儿学会合作与分享</td></tr>
<tr><td colspan="6">教学流程</td><td>设计意图</td></tr>
<tr><td rowspan="2">开始部分</td><td colspan="2">课堂导入</td><td colspan="3">手球宝宝“奔奔”知道“山外有山”的道理,它又开始了新的学习。小朋友们,你们想知道,“奔奔”又遇到了什么吗？好,那就和老师一同来看看“奔奔”奇遇记吧！</td><td>激发幼儿参与活动的积极性</td></tr>
<tr><td colspan="2">准备活动</td><td colspan="3">基本内容:头部运动、肩部运动、扩胸运动、体转运动、腹背运动、弓步压腿、膝关节运动、手腕踝关节运动(教师可以根据实际情况加以选择及创新)</td><td>在较短时间内让幼儿身体得到充分热身</td></tr>
<tr><td>基本部分</td><td>综合素质</td><td>游戏
着火我不怕</td><td>引语</td><td colspan="2">森林中,“奔奔”将手球宝宝从陷阱中救出,帮助手球宝宝们将粮食运回了家。正当它们在房间休息的时候,一股浓烟从手球宝宝家的房间中冒了出来!“着火了!”一位手球宝宝疾呼。其他的手球宝宝也慌张起来！这时,“奔奔”冷静地喊:“不要怕,大家跟我一起做,我带你们撤离。”</td><td>通过游戏,发展幼儿身体的灵活性和柔韧性,同时进行火灾中的自救知识教育</td></tr>
</table>

续 表

<table>
<tr><th colspan="5">教学流程</th><th>设计意图</th></tr>
<tr><td rowspan="4">基本部分</td><td rowspan="2">综合素质</td><td rowspan="2">游戏
着火我不怕</td><td>方法</td><td>幼儿分成两组，每人拿一块小毛巾站好。游戏开始，火灾警报响起，小朋友们齐念儿歌：“楼房里，起大火，火焰熊熊烟雾多。小朋友，别慌张，冷静保护冲出来。”念完后，排头第一的小朋友将毛巾放进桶里“弄湿”，将水桶翻倒“淋湿”全身，一手用毛巾捂住鼻子，低下身体，先绕着跑过“浓烟区”，钻过“火区”，然后横躺在“沙地”，滚动将身上的“火苗”熄灭，最后跑到“电话亭”拨“119”报警。后面的小朋友依次进行</td><td rowspan="2">通过游戏，发展幼儿身体的灵活性和柔韧性，同时进行火灾中的自救知识教育</td></tr>
<tr><td>规则</td><td>全体幼儿必须做完“湿”毛巾、“淋湿”全身的动作，方可进行下一个动作。在绕着跑过“浓烟区”、钻过“火区”时，必须用毛巾捂住鼻子，而且要将身体低下</td></tr>
<tr><td rowspan="2">行进间高运球</td><td>要点</td><td colspan="2">行进间高运球的口诀：“高运球，不要急，球过腰，拍下去。”</td><td rowspan="2">通过练习，引导幼儿理解和掌握行进间高运球的动作。通过游戏，培养幼儿的团队意识和安全意识</td></tr>
<tr><td>游戏
抢运粮食</td><td>引语</td><td>“奔奔”和其他手球宝宝们顺利撤离了火场，可是火场附近还有存放粮食的仓库，需要及时将粮食转移。“奔奔”在确定安全的前提下，准备组织其他手球宝宝抢运粮食</td></tr>
</table>

续　表

<table>
<tr><th colspan="5">教学流程</th><th>设计意图</th></tr>
<tr><td rowspan="2">基本部分</td><td rowspan="2">行进间高运球</td><td rowspan="2">游戏
抢运粮食</td><td>方法</td><td>老师站立于手球场中线的中点处，幼儿以老师为圆心站好。老师讲解行进间高运球的动作要领，多次示范后，调整幼儿间的距离，组织幼儿进行行进间高运球，3—5次后，转身反复。在练习一段时间后，组织“抢运粮食”游戏。参与的幼儿分成两路纵队，老师扮演“奔奔”，幼儿扮演其他的手球宝宝。老师利用手球场地上的线组织幼儿们进行行进间高运球练习</td><td rowspan="2">通过练习，引导幼儿理解和掌握行进间高运球的动作。通过游戏，培养幼儿的团队意识和安全意识</td></tr>
<tr><td>规则</td><td>安全信号发出时才可以进行行进间高运球动作</td></tr>
<tr><td rowspan="2">结束部分</td><td>放松</td><td colspan="3">集合队伍，组织幼儿进行必要的放松活动（执教者根据实际情况自行设定活动形式及内容）</td><td>让幼儿身心恢复到正常水平</td></tr>
<tr><td>分享</td><td colspan="3">组织幼儿一同回忆：“奔奔”都看到了什么？分享游戏中自己的收获：“楼房里，起大火，火焰熊熊烟雾多。小朋友，别慌张，冷静保护冲出来。”</td><td>强化规则意识</td></tr>
<tr><td colspan="2">教学建议</td><td colspan="4">教师可以根据大班幼儿的身体条件，在游戏中设置不同的路线，以便增加幼儿参与活动的积极性，同时可以在游戏中增加相关的障碍物或设置相关的音乐，并且对运球动作加以规范</td></tr>
</table>

三、“奔奔”奇遇记（三）

<table>
<tr><td colspan="2">课程主题</td><td colspan="3">“奔奔”奇遇记(三)</td><td>技术内容</td><td>行进间传反弹球</td></tr>
<tr><td colspan="2">教学目标</td><td colspan="5">通过“穿地道”游戏，提高大班幼儿听信号做动作及应变的能力。通过“多变的圈”游戏，强化大班幼儿对行进间传反弹球动作的理解与运用。在游戏过程中，积极引导大班幼儿学会合作与分享，养成良好的学习习惯</td></tr>
<tr><td colspan="6">教学流程</td><td>设计意图</td></tr>
<tr><td rowspan="2">开始部分</td><td colspan="2">课堂导入</td><td colspan="3">“奔奔”成功地将其他手球宝宝从火场中安全撤离，并组织手球宝宝们保住了粮食。它们得到了赶回家的手球爸爸和手球妈妈的表扬。告别之后，“奔奔”来到一片田地。正当它一蹦一跳试图走过这片田地时，突然从地面冒出“田鼠”宝宝的头，一个，两个，好几个。这是怎么回事</td><td>激发幼儿参与活动的积极性</td></tr>
<tr><td colspan="2">准备活动</td><td colspan="3">基本内容：头部运动、肩部运动、扩胸运动、体转运动、腹背运动、弓步压腿、膝关节运动、手腕踝关节运动(教师可以根据实际情况加以选择及创新)</td><td>在较短时间内让幼儿身体得到充分热身</td></tr>
<tr><td>基本部分</td><td>综合素质</td><td>游戏
穿地道</td><td>引语</td><td colspan="2">“奔奔”整理了一下自己的衣服，问其中一只田鼠宝宝：“你们在做游戏吗？”“是的，我们在和妈妈学习本领呢。你要一起学吗？”“好啊，”“奔奔”高兴得跳了几下</td><td>通过游戏，培养幼儿听信号做动作的能力</td></tr>
</table>

续表

<table>
<tr><th colspan="5">教学流程</th><th>设计意图</th></tr>
<tr><td rowspan="2">基本部分</td><td rowspan="2">综合素质</td><td rowspan="2">游戏
穿地道</td><td>方法</td><td>参与的幼儿分成两队。其中,一对幼儿做地道,他们站成四路纵队,然后两臂侧平举,手拉手,横队和横队之间的通道即地道。其余的幼儿为穿地道者。游戏开始时,穿地道的幼儿分散在各条“地道”上,随意跑动,老师发出口令:“向左——转!”组成地道的幼儿立即放下手臂,同时向左转身。然后再侧平举,手拉手组成新的地道。穿地道的幼儿继续在新地道中任意跑动。反复转身数次后,让两组幼儿交换角色,然后继续进行游戏</td><td rowspan="2">通过游戏,培养幼儿听信号做动作的能力</td></tr>
<tr><td>规则</td><td>穿地道的幼儿要统一跑的方向,避免互相碰撞。</td></tr>
<tr><td rowspan="2">基本部分</td><td rowspan="2">行进间传反弹球</td><td>要点</td><td colspan="2">掌心向上,缓慢抛出,接球下蹲</td><td rowspan="2">通过练习,培养幼儿间的配合能力</td></tr>
<tr><td>游戏
多变的圈</td><td>引语</td><td>“奔奔”在地下转来转去,头有点晕了,感慨道:“掌握一项本领,还真不容易啊!”休息一会儿后,“奔奔”提议田鼠宝宝们玩新游戏,并要求田鼠妈妈参加</td></tr>
</table>

续表

<table>
<tr><th colspan="5">教学流程</th><th>设计意图</th></tr>
<tr><td rowspan="2">基本部分</td><td rowspan="2">行进间传反弹球</td><td rowspan="2">游戏
多变的圈</td><td>方法</td><td>老师站立于手球场中线的中点处，幼儿以老师为圆心站成一个大圆圈，进行1、2报数，报1的幼儿向前进1步，报2的幼儿向后退一步，从而形成两个圆圈。调整间距后，老师讲解行进间传反弹球动作，多次示范后，组织内圈的幼儿和外圈的幼儿1对1式的原地传反弹球练习。练习一段时间后，组织幼儿进行“多变的圈”游戏：老师发出“扩大”口令时，内圈幼儿向外走3步，外圈幼儿向后退3步，要求在第2步时完成传接球动作。老师发出“缩小”口令时，幼儿动作连续相反完成反弹球传球练习</td><td rowspan="2">通过练习，培养幼儿间的配合能力</td></tr>
<tr><td>规则</td><td>按照信号，做相应方向上的二人传反弹球练习。没有接到球的，要迅速将球捡起来继续参加练习</td></tr>
<tr><td rowspan="2">结束部分</td><td>放松</td><td colspan="3">集合队伍，组织幼儿进行必要的放松活动（执教者根据实际情况自行设定活动形式及内容）</td><td>让幼儿身心恢复到正常水平</td></tr>
<tr><td>分享</td><td colspan="3">组织幼儿一同回忆：“奔奔”都看到了什么？分享游戏中自己的收获：“掌心向上，缓慢抛出，接球下蹲。”</td><td>养成善于总结与分析的习惯</td></tr>
<tr><td colspan="2">教学建议</td><td colspan="4">教师可以根据幼儿的实际情况调整游戏的规则，多用鼓励性的语言加以引导</td></tr>
</table>

四、“奔奔”奇遇记（四）

<table>
<tr><td colspan="2">课程主题</td><td colspan="2">“奔奔”奇遇记（四）</td><td>技术内容</td><td>原地单手肩上传球</td></tr>
<tr><td colspan="2">教学目标</td><td colspan="4">通过“小猫捕鱼”游戏，提高大班幼儿的综合身体素质；通过“巧运鱼儿”游戏，帮助大班幼儿掌握原地单手肩上传球动作。在游戏过程中，积极引导幼儿学会合作与分享，养成良好的学习习惯</td></tr>
<tr><td colspan="5">教学流程</td><td>设计意图</td></tr>
<tr><td rowspan="2">开始部分</td><td colspan="2">课堂导入</td><td colspan="2">“奔奔”离开田鼠一家后，沿着河边继续前行。忽然，远处传来了声音：“小小鱼儿游呀游，在哪游？”“奔奔”加快了脚步，一会儿就找到声音的发出者，原来是猫妈妈和小猫们做游戏呢！</td><td>激发幼儿参与活动的积极性</td></tr>
<tr><td colspan="2">准备活动</td><td colspan="2">基本内容：头部运动、肩部运动、扩胸运动、体转运动、腹背运动、弓步压腿、膝关节运动、手腕踝关节运动（教师可以根据实际情况加以选择及创新）</td><td>在较短时间内让幼儿身体得到充分热身</td></tr>
<tr><td>基本部分</td><td>综合素质</td><td>游戏
小猫捕鱼</td><td>引语</td><td>“猫阿姨，你们在玩什么游戏啊？”“我在和猫宝宝们练习捕鱼的本领呢。你要不要一起来啊？”“好啊！”</td><td>练习跑的动作，发展躲闪能力</td></tr>
</table>

续 表

<table>
<tr><th colspan="5">教学流程</th><th>设计意图</th></tr>
<tr><td rowspan="4">基本部分</td><td rowspan="2">综合素质</td><td rowspan="2">游戏
小猫捕鱼</td><td>方法</td><td>在手球场地上指定好“河面”的范围，超出部分为“沙滩”。每位幼儿手中都拿一条绳子。游戏开始时，随机指定2名幼儿做捕鱼者。老师带幼儿唱儿歌《鱼儿游呀游》。师：“小小鱼儿，河里游。”幼：“几条鱼儿游？”师：“×(一般为2—5)人游。”幼儿根据老师说的人数，迅速合作，一位幼儿当鱼头，后面的幼儿用绳子套住前面幼儿的腰，两手拿住绳子的末端，跟着“鱼头”游。待幼儿随机组合完毕，此时渔夫可去抓任意一个“鱼头”</td><td rowspan="2">练习跑的动作，发展躲闪能力</td></tr>
<tr><td>规则</td><td>“鱼头”被抓住，或“鱼身”散掉，就算被捕捉。鱼被逼着离开“河面”，即到沙滩上，也算被捕捉</td></tr>
<tr><td rowspan="2">原地单手肩上传球</td><td>要点</td><td colspan="2">两脚左右开立，稍比肩宽，双膝微屈，单手持球于体前，传球时右手快速引球至肩的后上方，按照蹬地、转体、挥臂及甩手腕的顺序完成传球动作</td><td rowspan="2">使幼儿熟练掌握原地单手肩上传球动作的技术，培养团队合作意识</td></tr>
<tr><td>游戏
巧运鱼儿</td><td>引语</td><td>通过大家的努力学习，猫宝宝们掌握了捕鱼本领，在实践中捕到很多的鱼。为了更快地将这些鱼运上岸，“奔奔”给猫宝宝传授了一项新本领</td></tr>
</table>

续　表

<table>
<tr><td colspan="5">教学流程</td><td>设计意图</td></tr>
<tr><td rowspan="2">基本部分</td><td rowspan="2">原地单手肩上传球</td><td rowspan="2">游戏
巧运鱼儿</td><td>方法</td><td>老师站立于手球场中线的中点处，幼儿以老师为圆心站成一个大圆圈并进行1、2报数，报1的幼儿向前进1步，报2的幼儿向后退一步，从而形成两个圆圈。老师进行动作示范后，组织内圈的幼儿和外圈的幼儿一对一进行模拟练习。练习一段时间后，老师组织幼儿进行“巧运鱼儿”的游戏：利用整个手球场地作为河面，内圈的幼儿和外圈的幼儿分别站满两个半场。在手球场边线中点处放一筐鱼儿（即手球），比赛开始后，两队的第一位幼儿分别取出一条鱼，用“原地单手肩上传球”动作快速将球传给下一位幼儿，本队最后一位幼儿接球后迅速将球放置于本组的鱼篓里</td><td rowspan="2">使幼儿熟练掌握原地单手肩上传球动作的技术，培养团队合作意识</td></tr>
<tr><td>规则</td><td>传递过程中必须运用“原地单手肩上传球”技术（可以双手接球），规定时间内，以成功传递鱼儿的多少判定胜负</td></tr>
<tr><td rowspan="2">结束部分</td><td>放松</td><td colspan="3">集合队伍，组织幼儿进行必要的放松活动（执教者根据实际情况自行设定活动形式及内容）</td><td>让幼儿身心恢复到正常水平</td></tr>
<tr><td>分享</td><td colspan="3">组织幼儿一同回忆：“奔奔”都看到了什么？分享游戏中自己的收获</td><td>养成良好的总结能力和与他人分享的好习惯</td></tr>
<tr><td colspan="2">教学建议</td><td colspan="4">本节课中的原地单手肩上传球，容易在动作过程中接球者接不到球，要控制好幼儿间的距离</td></tr>
</table>

五、“奔奔”奇遇记（五）

<table>
<tr><td colspan="2">课程主题</td><td colspan="3">“奔奔”奇遇记（五）</td><td>技术内容</td><td>原地单手肩上传球</td></tr>
<tr><td colspan="2">教学目标</td><td colspan="5">通过“小袋鼠运果果”游戏，提高大班幼儿的平衡能力，四肢的灵活性和协调性，双脚跳、跨跳的能力。通过“运果进仓”游戏，巩固大班幼儿原地单手肩上传球的动作技术。在游戏过程中，积极引导大班幼儿学会合作与分享，养成良好的学习习惯</td></tr>
<tr><td colspan="6">教学流程</td><td>设计意图</td></tr>
<tr><td rowspan="2">开始部分</td><td colspan="3">课堂导入</td><td colspan="2">在大家的共同努力下，“奔奔”和猫宝宝们把捕到的鱼儿都运上岸，这下猫宝宝们可以美餐一段时间啦！“奔奔”在猫宝宝们的不舍中离开了</td><td>激发幼儿参与活动的积极性</td></tr>
<tr><td colspan="3">准备活动</td><td colspan="2">基本内容：头部运动、肩部运动、扩胸运动、体转运动、腹背运动、弓步压腿、膝关节运动、手腕踝关节运动（教师可以根据实际情况加以选择及创新）</td><td>在较短时间内让幼儿身体得到充分热身</td></tr>
<tr><td>基本部分</td><td>综合素质</td><td>游戏
小袋鼠运果果</td><td colspan="2">引语</td><td>“今天的天气真好，”“奔奔”一边走一边自语。这时，迎面走来袋鼠妈妈和袋鼠宝宝们。“奔奔”迎上去问：“袋鼠阿姨，你们这是要去哪里？做什么啊？”“我们去运丰收的果实，”袋鼠妈妈回答。“奔奔”马上恳请袋鼠妈妈带上它。袋鼠妈妈问“奔奔”：“路途遥远，你不怕辛苦吗？”“奔奔”回答：“不怕！”小朋友们，我们也一起去，好不好</td><td>培养幼儿的平衡能力及四肢的灵活性和协调性，引导幼儿与同伴合作并体验游戏的快乐</td></tr>
</table>

续　表

<table>
<tr><th colspan="5">教学流程</th><th>设计意图</th></tr>
<tr><td rowspan="4">基本部分</td><td rowspan="2">综合素质</td><td rowspan="2">游戏
小袋鼠运果果</td><td>方法</td><td>将幼儿分成人数相等的两组,分别站在手球场的底线上。将呼啦圈分成两个部分,不规则地摆在两队的起点到大纸箱之间,间距不要过大。游戏“开始”的信号发出后,两组的第一位幼儿手里拿着篮子,开始跳圈,跳向大纸箱,可以单腿跳,也可以双腿跳,然后在纸箱里取出一只手球,放入篮子,跑回起点处。第一位小朋友把空篮子交给第二位小朋友,第二位小朋友重复第一位小朋友的动作。后面继续</td><td rowspan="2">培养幼儿的平衡能力及四肢的灵活性和协调性,引导幼儿与同伴合作并体验游戏的快乐</td></tr>
<tr><td>规则</td><td>比赛以全队都完成一次运输任务所用时间的多少来判定胜负</td></tr>
<tr><td rowspan="2">原地单手肩上传球</td><td>要点</td><td colspan="2">两脚左右开立,稍比肩宽,双膝微屈,单手持球于体前,传球时右手快速引球至肩的后上方,按照蹬地、转体、挥臂及甩手腕的顺序完成传球动作</td><td rowspan="2">巩固幼儿原地单手肩上传球的动作技术,培养团队合作意识</td></tr>
<tr><td>游戏
运果进仓</td><td>引语</td><td>忙活了一上午,“奔奔”终于和袋鼠妈妈及袋鼠宝宝们将所有的果果运到袋鼠宝宝的家。看着眼前堆得如小山的果果,袋鼠妈妈有些为难,她说:“该如何将这些果果放入高高的粮仓呢?”“奔奔”跳起来说:“我有办法!”小朋友,你们知道“奔奔”的方法吗?对,就是“奔奔”帮助猫宝宝运鱼儿的方法</td></tr>
</table>

续 表

<table>
<tr><th colspan="5">教学流程</th><th>设计意图</th></tr>
<tr><td rowspan="2">基本部分</td><td rowspan="2">原地单手肩上传球</td><td rowspan="2">游戏
运果进仓仓</td><td>方法</td><td>组织幼儿按照一定的间距，均匀站在手球场地上的边线上。在手球场边线中点处，放一个大箱子(即仓库)。比赛开始后，每半个手球场地边线上的幼儿为一队，第一位幼儿分别在果子堆中取出一个果子并用“原地单手肩上传球”动作快速地将球传给下一位幼儿，接着再去取第二个、第三个，直至将最后一个果子取出并传递完，小组的任务才算完成</td><td rowspan="2">巩固幼儿原地单手肩上传球的动作技术，培养团队合作意识</td></tr>
<tr><td>规则</td><td>传递过程中必须运用“原地单手肩上传球”技术，可以双手接球，比赛以完成任务用时多少加以判定胜负</td></tr>
<tr><td rowspan="2">结束部分</td><td>放松</td><td colspan="3">集合队伍，组织幼儿进行必要的放松活动(执教者根据实际情况自行设定活动形式及内容)</td><td>让幼儿身心恢复到正常水平</td></tr>
<tr><td>分享</td><td colspan="3">组织幼儿一同回忆：“奔奔”都看到了什么？分享游戏中自己的收获</td><td>养成善于总结与分析的习惯以及实现对动作技术的泛化</td></tr>
<tr><td>教学建议</td><td colspan="5">本节课是原地单手肩上传球的复习课。基于上一次课已经有初步的练习，因此在本节课中着重加强幼儿动作的规范性，并根据实际情况调整幼儿传球的间距</td></tr>
</table>

第六章　幼儿动商教育之运动损伤

体育锻炼是以身体参与为主要手段，以增加身体健康为目的活动过程。因此，在锻炼的过程中难免会出现一些损伤。一些成人的运动项目逐渐在幼儿教育中开展。因此，幼儿动商教育践行者需要储备相关的运动损伤知识。下面简要阐述何为运动损伤，有哪些分类，原因是什么，如何有效地预防与处理。

第一节 运动损伤的定义与分类

一、运动损伤的定义

运动损伤是指在运动过程中发生的各种损伤。

二、运动损伤的分类

（一）擦伤

擦伤可表现为抓痕、擦痕、撞痕、压痕、压擦痕等。

（二）扭伤

损伤部位疼痛肿胀，关节活动受限。多发于腰、踝、膝、肩、腕、肘、髋等部位。

（三）挫伤

在钝重器械打击或外力直接作用下使皮下组织、肌肉、韧带或其他组织受伤，而伤部皮肤往往完整无损或只有轻微破损。

（四）脱臼

脱臼表现为疼痛、肿胀、功能障碍，可伴有畸形、弹性固定、关节盂空虚。

(五)骨折

常见的骨折分为两种:一种是皮肤不破,没有伤口,断骨不与外界相通,称为闭合性骨折;另一种是骨头的尖端穿过皮肤,有伤口与外界相通,称为开放性骨折。

骨折表现为疼痛、肿胀、功能障碍,可伴有畸形、异常活动、骨擦音骨擦感。

(六)鼻出血

鼻部受外力撞击,致使毛细血管破裂出血。

(七)脑震荡

头部受外力打击或碰撞到坚硬物体,导致脑震荡表现为短暂性昏迷、近事遗忘以及头痛、恶心和呕吐等症状,神经系统检查无阳性体征发现。

第二节　不同类别运动损伤处置

一、擦伤的处置

伤口用清水冲洗干净。伤口干净者，涂上红药水或紫药水或贴上创可贴即可自愈。较严重的擦伤，首先要止血，酌情采取冷敷法、抬高肢体法、绷带加压包扎法等方法进行处理，必要时到医院进行伤口清洗、缝合、上药、包扎等处理，以免感染或流血过多。

二、扭伤的处置

扭伤是由于关节部位突然过猛扭转，拧扭了附在关节外面的韧带及肌腱所致。多发生在踝节、膝关节、腕关节及腰部，不同部位的扭伤，其治疗方法也不同。

急性腰扭伤可让患者仰卧在垫得较厚的木床上，腰下垫一个枕头，先冷敷，后热敷。

关节扭伤踝关节、膝关节、腕关节扭伤时，将扭伤部位垫高，先冷敷2—3天后再热敷。如扭伤部位肿胀、皮肤青紫和疼痛，可用陈醋半斤煮热后用毛巾蘸敷伤处，每天2—3次，每次10分钟。

三、挫伤的处置

挫伤是由于身体局部受到钝器打击而引起的组织损伤。损伤的部位通常在踝关节、膝关节、掌指关节等。用冷毛巾进行冷敷，使血管收缩，减轻出血程度和疼痛。在受伤处垫上棉花，用绷带加压包扎。

轻度损伤不需特殊处理，经冷敷处理24小时后可用活血化瘀酊剂，局部可用伤湿止痛膏贴上，在伤后第一天予以冷敷，第二天热敷，约一周后可吸收消失。

较重的挫伤可用云南白药加白酒调敷伤处并包扎，隔日换药一次，每日2—3次，加理疗。

四、脱臼的处置

脱臼即关节脱位。一旦发生脱臼，应嘱病人保持安静、不要活动，更不可揉搓脱臼部位。

脱臼部位在肩部，可把患者肘部弯成直角，再用三角巾把前臂和肘部托起，挂在颈上，再用一条宽带缠过脑部，在对侧脑作结。

脱臼部位在髋部，则应立即让病人躺在软卧上送往医院。动作要轻巧，不可乱伸乱扭，可以先冷敷，扎上绷带，保持关节固定不动后，立即送医院请医生矫正治疗。

五、骨折的处置

对开放性骨折，不可用手回纳，以免引起骨髓炎，应用消毒纱布对伤口作初步包扎、止血后，再用平木板固定送医院处理。骨折后肢体不稳定，容易移动，会加重损伤和剧烈疼痛，可找木板、塑料板等将肢体骨折部位的上下两个关节固定起来。如一时找不到外固定的材料，骨折在上肢者，可屈曲肘关节固定于躯干上；骨折在下肢者，可伸直腿足，固定于对侧的肢体上。怀疑脊柱有骨折者，需早卧在门板或担架上，躯干四周用衣服、被单等垫好，不致移动，不能抬伤者头部，这样会引起伤者脊髓损伤或发生截瘫。昏迷者应俯卧，头转向一侧，以免呕吐时将呕吐物吸入肺内。怀疑颈椎骨折时，需在头颈两侧置一枕头或扶持患者头颈部，不使其在运输途中发生晃动。

六、鼻出血的处置

让受伤者坐下来,头向后仰,暂时用口呼吸,鼻孔用纱布或干净的软纸塞住,用冷毛巾敷在前额和鼻梁上,一般即可止血。如仍不止,应到医院检查、处理,及时采取有效措施,防止大量出血出现休克。

七、脑震荡的处置

轻度脑震荡的患者,安静卧床休息一、二天后,即可恢复。对于中、重度的脑震荡,要保持伤员绝对安静,仰卧在平坦的地方,头部冷敷,注意身体的保暖,并及时送医院治疗。

八、肌肉拉伤处置

肌肉拉伤是指肌纤维撕裂而致的损伤。肌肉拉伤的部位通常在大腿后群肌、腰背肌、小腿三头肌、大腿内收肌群。主要由于运动过度或热身不足造成,可根据疼痛程度知道受伤的轻重,一旦出现痛感应立即停止运动,并在痛点敷上冰块或冷毛巾,保持30分钟,以使小血管收缩,减少局部充血、水肿。切忌搓揉及热敷。

第三节 若干项目运动损伤分析

一、田径运动

(一)项目概述

田径称田径运动,是田赛、径赛和全能比赛的全称。现代田径运动的分类不同,主要包括竞走、跑、跳跃、投掷以及由跑、跳、跃、投掷的部分项目组成的全能运动,共计四十多项。田径运动中以时间计算成绩的项目叫径赛;以高度或远度计算成绩的项目叫田赛;全能运动项目,则是以各单项成绩按《田径运动评分表》换算分数计算成绩。跳远运动是田径运动中速度力量型项目,跳远运动员能否取得优异成绩,取决于速度、力量、柔韧、灵敏、耐力、身体各部分协调用力等综合训练素质。

(二)损伤类型

田径运动损伤的主要类型可以分为三类:第一类身体肌肉拉伤,第二类身体关节损伤,第三类是身体擦伤。田径项目的锻炼过程中,锻炼者由于长时间的运动、训练,韧带与肌肉会产生较为剧烈拉长与伸缩,这样就会出现肌肉拉伤。肌肉拉伤也包括多种类型,例如细微损伤与韧带撕裂、断裂等。身体关节损伤在田径训练中是一种较为常见的损伤。手腕关节、腰部关节以及脚踝关节是损伤频率最高的几个部分,肘部关节与膝关节也容易出现损伤。身体皮肤与粗糙表面物体接触、碰撞与摩擦,导致身体出现损伤的情况即身体擦伤,这也是运动者在田径训练中容易出现的损伤类型之一。

（三）损伤原因

田径运动主要包括跑、走、跳、投四类项目，运动形式的不同导致运动损伤程度也有很大区别。如在跑类项目中，运动员以下肢发动力量占据主导，因此损伤更为显著；即便走类项目运动强度较低，但扭伤、关节错位现象却时有发生；对跳类项目而言，腰部、踝部主动发力，因而肌肉损伤、拉伤较易发生；投类项目中，肩部、肘部、膝部全面发力，极易致使躯干拉伤。①

1.无防范意识

自身缺乏防范意识，在锻炼过程中不注重自身安全，随意地进行某些活动，那么必然会导致运动损伤。

2.运动量过多

适量的负荷可以使运动者的身体机能获得提升，身体素质也能够因此而增加，但是过量的负荷会成为运动者出现运动损伤的诱因。

3.准备不充分

准备活动对于田径运动而言具有十分重要的作用，它能够帮助运动者身体上的各个部位进行适当的运动，让运动者的身体能够快速进入训练状态，适应各项训练内容，更好地完成田径训练，通过训练使身体得到锻炼。如果训练之前没有进行准备活动，或者准备活动不够充分，那么运动者的身体必然会存在一定问题，贸然地进行各类剧烈运动必然会导致运动损伤。

4.练后无放松

很多田径运动者没有在运动、训练过后及时地进行放松活动，导致肌肉、关节、内脏始终保持在运动状态，那么长此以往，身体机能必然会

① 白国言，齐建国．田径运动员运动损伤原因分析及预防[J]．当代体育科技，2018(7)：8，10．

有所下降，运动疲劳程度也会因此而提升，在影响田径运动者生活状态的同时，容易造成运动损伤的出现。

（四）损伤预防

1. 强化安全锻炼的意识

对比其他球类运动而言，田径运动的确略显枯燥，尤其是在训练期间，着实让人感觉到有些乏味，不仅会使运动员产生疲于训练的低落情绪，往往还会忽视一些安全问题。此时，就必须加强运动员思想教育，让每一名运动员把预防这根弦紧绷起来，同时，还可以适当地开展安全课堂知识讲座，灌输一些科学运动防护妙招，提高运动员健康认知，让每一名运动员都能够将防护理念刻入大脑意识，为降低运动损伤奠定储备基础。

2. 加强易伤部位的训练

易伤部位即为机体的薄弱环节，只有让易损部位功能完善，才能做到防患于未然，将损伤事故降到最低，其中，加强易伤部位肌肉力量训练是预防运动损伤有效的方式之一。加强肌肉力量要做到：维持肌肉平衡，发展肌肉延展性，强化肌肉协调性，使整个肌肉系统均处于良性运作状态，为运动需求时提供动力。只有让易伤部位得到相应的锻炼，才能确保身体机能时刻处于最佳状态，才能将运动损伤扼杀于摇篮之中。

二、足球运动

（一）项目概述

足球运动是一项古老的体育活动，源远流长。最早起源于我国古代的一种球类游戏“蹴鞠”，后来经过阿拉伯人传到欧洲，发展成现代足球。幼儿足球早已在大力推广。

（二）损伤类型

常见足球运动损伤主要发生于大腿、小腿、膝关节、踝关节等下肢部位，肘关节、腕关节以及腰背部损伤也时有发生。损伤的类型则主要以扭伤、擦伤等急性损伤为主。

1.损伤原因

第一，运动参与者之间互相碰撞而产生的运动损伤。足球参与者经常身体上的接触与碰撞，碰撞就会有可能导致足球运动参与者的扭伤、擦伤、摔伤、皮下血肿、肌肉挫伤断裂、韧带撕裂，严重可能会导致足球运动参与者骨折、脑震荡、脑出血等。

第二，运动参与者与足球之间发生接触而产成的运动损伤。足球参与者与足球接触的地方不当，会导致足球参与者头部、腹部、裆部的擦伤或者挫伤；守门员在守门扑球时的手指损伤；足球参与者基本功扎实、动作没有成型都可能会造成踝关节、髋关节、膝关节的损伤。

第三，运动负荷量过大导致的运动损伤。运动负荷量过大，会产生过度疲劳，体力消耗太大就会很容易导致足球运动参与者动作变形、反应过慢、精力无法集中，从而导致损伤的发生。比如肌肉拉伤、肌肉疼痛、韧带撕裂等。

第四，没有进行充分热身而造成的运动损伤。进行足球运动前没有进行充分的热身准备，身体各个关节没有充分活动开，身体肌肉过于紧绷，加大了足球运动损伤产生的可能性。

第五，足球参与者因为身体素质的强弱造成的运动损伤。自身的素质较差，肌肉发达程度、骨骼、关节灵活度以及体能的强弱，都会增加运动损伤发生的概率。

第六，客观因素而造成的运动损伤。运动场地、运动装备、气候条件等客观因素都有可能增加足球运动参与者的运动损伤。①

2.损伤预防

就足球运动锻炼而言,有效避免发生运动损伤的前提是加强足球锻炼者自身态度的端正和自我保护意识的提高。学生而言,一定要牢记体育教师和教练关于安全问题的叮嘱,重视足球运动的安全问题。建议锻炼者有意识地对自己进行注意力方面的专门性训练,从而提高自身的安全意识。其次,科学而详细的训练计划是提高运动锻炼安全性的保障。所以,足球爱好者一定要充分了解自身的实际情况和运动锻炼特点,遵循因人而异、循序渐进的规律,制定出适合自己的足球运动训练计划。切记不要在肌肉疲劳时进行大负荷的足球运动。

足球运动中所发生的各类运动损伤,其剖析发生的根源很多是锻炼者对准备活动的不重视。准备活动要根据自己的运动训练计划制定,在实际准备活动设计上针对运动负荷量比较大的训练内容时,一定要对容易受伤的关节部位进行专门性准备活动。有些足球运动爱好者在锻炼结束对于放松活动不是很重视,认为躺在草地上休闲一会就可以了,其实这是典型的错误观念。实践证明,如果放松和整理活动不够充分,会导致锻炼者更加的疲劳。因此,在足球运动结束后一定要做一些必要的放松活动。

当然,除上述主观因素外,我们也要注意一些客观性因素,如足球场地的问题、恶劣天气的问题。

三、篮球运动

(一)项目概述

篮球运动需要智力、体力、技巧等相互结合才能完成的运动项目,

① 孟泽,吴奔.足球运动损伤康复以及预防损伤的研究[J].体育科技文献通报,2018(1):68,74.

它具有综合性特点，充满了竞技性、趣味性以及对抗性，同时包含了高度的合作性。篮球运动一直深受幼儿喜欢，现已出现专门供幼儿运动的特制篮球。

（二）损伤类型

篮球运动中出现的运动损伤主要有踝关节韧带挫伤、掌指、指间关节损伤和膝关节挫伤及半月板损伤。

（三）损伤原因

1.踝关节韧带挫伤以及出现的症状

学生在篮球运动中，由于篮球运动本身的运动特征的因素，最常见的运动损伤当属踝关节韧带扭伤。根据很多的调查显示，踝关节韧带挫伤这一运动损伤在篮球运动中所占比例为一半以上。这么明显的数据和比例，让学生在进行篮球运动时不得不进行有效的预防，同时需要广大教师在进行篮球运动教学时引起高度的重视。所以在这些偏差中踝关节韧带就容易出现损伤，踝关节的韧带损伤分为内侧韧带损伤和外侧韧损伤，就这二者的损伤出现的几率而言，外侧的损伤出现的频率更加的多。踝关节的韧带损伤出现会让脚踝出现肿胀、淤青，一旦发生踝关节的损伤后会相当疼痛并且会不断向踝关节的前部蔓延，这样的损伤会严重影响到学生的运动活动及其生活作息。

2.掌指、指间关节损伤及出现的症状

学生在篮球运行中，常见的损伤症状排名第二的当属掌指、指间关节损伤。由于学生没有很好地掌握接球技巧，以及在断球时手指是过于紧张、伸出的手指过直，或者是篮球充的气体太足等因素，都容易造成该损伤出现。这种损伤常常出现在初学者的身上，因为对于篮球技巧的掌握程度太低，不懂得运用，同时由于在篮球运动前没有做好准备活动。学生在篮球运动中一旦发生这样的损伤，会很快出现肿胀感和疼痛感。凡是出现这样或那样的损伤,都会让学生的运动活动受到限制,短时期内出现运动障碍。

3.膝关节挫伤及半月板损伤包括出现的症状

学生在篮球运行中,除了出现以上常见的运动损伤外,还有一种相当常见的运动损伤。膝关节的曲折大大降低了稳定性,半月板后移膝盖突然外旋或内旋,而半月板不能及时回位、遭到挤压,这就会容易造成半月板撕裂。出现这种损伤后会出现的症状有:膝关节剧烈疼痛,并且会伴随肿胀,导致该部位的功能出现明显的障碍。

(四)损伤预防

1.加强针对训练

加强易损伤部位和较弱部位的针对训练,提高它们的功能,是预防运动损伤的一种积极手段。在篮球的运动中,有一些部位是比较容易在运动中受到损伤的,比如脚关节处、指关节处等部位,运动员应加强自我的保护意识,对这些易受伤的部位进行训练,可以通过"压指"的方法来提高手指的抗击能力。

2.确保场地安全

体育运动有其一定的特殊性,必须要严格按照要求来布置场地和选择场地,并且要相当水平的各种辅助装备,比如鞋子、运动服等,这些都是引发安全事故的最主要的外部因素,这些佩戴的携带的饰物以及杂物都应在比赛和训练的时候取下来,以保障场地的安全和自我本身的安全,发现问题必须要很好地解决它,做到防患于未然。

3.提高安全意识

在篮球运动中,应加强安全教育和提高安全意识,在平时训练时要加强对运动员安全意识和安全教育得普及,因为只有这样才能让他们意识到自身的安全问题,因此要对一些违反的人进行安全教育知识的普及,利用这些时常发生的事情来引导运动员引起对人身安全的主意,树立强烈的安全意识，从而达到预防运动损伤的效果。

四、排球运动

（一）项目概述

排球是球类运动项目之一，球场长方形，中间隔有高网，比赛双方（每方六人）各占球场的一方，球员用手把球从网上空打来打去。排球运动有以下主要特点：①群众性；②全面性；③技巧性；④对抗性；⑤集体性。现已有专门制作的排球用于幼儿体育活动中。

（二）损伤类型

相关研究结果显示，在排球运动过程总容易产生运动损伤的部位，按发生频率从高到低的顺序为膝关节、腰背损伤、上臂损伤、肩部损伤、踝关节损伤、手腕损伤。排球运动损伤的类型主要有：拉伤、扭伤、挫伤、劳损。拉伤和扭伤出现的次数最多，这与排球运动的特点有关。排球运动的扣球和每次起跳落地都使膝关节受到巨大冲击，拦网和传球的时候容易挫伤手指，排球进攻队员在专项技术训练时，每次训练课要反复进行扣球和腰背力量的练习，造成腰背肌肉负荷过重，长期如此，造成腰肌劳损。

（三）损伤原因

分析排球运动损伤的原因，主要与训练安排、技术动作、训练水平、身体状况、运动环境、场地设备等密切关联。

例如，膝关节损伤，主要是因为排球的一些基本动作需要膝关节处于半屈曲位（130°—150°）屈伸、扭转发力，而此位置正是它的解剖生理弱点，致使关节稳定功能相对减弱，并且关节有轻微的内外旋，增强了股骨与胫腓骨之间的研磨，因而使膝关节的韧带、半月板、髌骨受伤。

(四)损伤预防[①]

1. 充分做好准备活动,强化基础动作规范

积极应对做好准备活动,加强基础动作的练习,重视准备活动是防止各种伤害事故发生的有效手段和重要手段,学生在训练前应进行慢跑,充分做好准备活动,逐步由一般活动过渡到专项活动。另外准备活动的运动量应根据个人的身体状态、气候条件而定。若机体兴奋程度较低,准备活动就应做充分。一般以身体感到发热为宜。对准备活动进行严格监督,加强思想安全教育在教学训练中,让大学生从思想上高度重视运动损伤的预防,对预防的意义有充分的认识,达到自觉充分活动的目的。

2. 科学进行教学训练,强化医务监督帮助

在组织教学训练时,应根据学生的年龄、性别、健康状况和排球技术水平,对复杂动作和容易导致运动损伤的环节,做到心中有数,事先做好预防的准备。合理安排运动时间和运动量,运动负荷要逐渐增强,练习的强度和重复练习的次数要根据训练者的情况区别对待。同时,应该加强运动医务监督,及时发现和处理运动过程中损伤的先兆,有效避免运动损伤的发生。

3. 重视易伤部位训练,传授损伤规避方法

加强易伤部位的肌肉力量加强易伤部位和相对较薄弱部位的训练,提高它们的功能,是预防运动损伤的积极手段。根据排球运动的项目特点及人体的解剖生理特点,肩、膝、踝关节和手腕部容易发生损伤,因此有针对性地加强这些部位肌肉的力量练习,对于预防运动损伤是必要的。如加强股四头肌的力量就可以减轻膝关节的负担,减少损伤;多做些指力练习,可防止关节挫伤;加强腰背肌肉的力量练习,可防止腰肌劳损。

---

① 李海泉,刘岩.刍议排球运动损伤的原因及预防措施[J].运动,2015(21):51-52.

五、攀岩运动

（一）项目概述

攀岩源自登山运动，属于登山爱好者的一项基本技能。由于进行登山运动对环境等各方面要求较高，攀岩项目逐渐作为一种极限运动从登山运动中衍生出来。根据攀登对象的不同，攀岩的形式主要分为人工攀岩（对象为人造岩墙）和自然岩壁攀登（对象为岩石峭壁）。运动爱好者在人类具有的原始攀爬本能的基础上，以手腕和手肘为主要支撑点，利用抓、握、撑等各种方法进行攀登。近年来，攀岩运动开始进入幼儿体育活动中。

（二）损伤类型

相关研究结果显示：攀岩运动损伤以上肢为主，手指（72.4%）、手腕（44.1%）、肘部（26.3%）、小腿（25.3%）及肩部（23.7%）是运动损伤最常发生的部位。

攀岩运动损伤类型多为急性损伤，擦伤（70.4%）、肌肉韧带拉伤（47%）、关节扭伤（39.1%）、软组织挫伤（22%）是攀岩运动损伤常见的类型。①

如，指侧副韧带伤害。手指侧副韧带之扭伤或断裂是攀岩常见的运动伤害，其中以中指、食指或无名指的“近端指骨间关节”和拇指的“掌骨与指骨间关节”损伤为主。当攀岩者以动态动作去抠一个岩穴时，中间三指的“近端指骨间关节”将承受极大施力及大幅弯曲；而捏点的动作则易使拇指的“掌骨与指骨间关节”扭伤。患者常见的症状是关节的肿胀、僵硬、慢性疼痛及运动受限。若对患部施压时手指呈现弯屈

① 石峰，张亚琳，吴笑．青少年攀岩运动爱好者运动损伤特征研究[J]．青少年体育，2019(6)：129-130，70．

及不稳定，则表侧副韧带已完全断裂；如果患者仅感到疼痛，但患部仍稳定，则可能只是扭伤。

（三）损伤原因

准备活动不足、技术水平不足、运动负荷过大、没有佩戴护具及注意力分散。准备活动不充分和力量训练负荷过大是攀岩运动损伤产生的主要原因。随着攀岩运动的逐渐普及，多数攀岩运动爱好者在技术水平较低的情况下就进行攀岩运动，此时容易导致运动损伤的发生。

（四）损伤预防

1. 重视热身与整理

运动前热身是预防运动伤害的首要之务。就攀岩而言，可先在横渡墙上攀爬简单路线2—3分钟以促进血液循环，直至身体些微出汗为止。接着，为了增加肌肉弹性、避免拉伤，可进行20分钟的柔软操。伸展运动的原则如下：每个动作静态维持10秒；勿在肌肉拉紧后用力弹压；肌腱有被拉扯的感觉，但非疼痛；进行时保持轻、慢之原则，且不停地深呼吸；重复每个动作2—3次。攀岩后的整理运动旨在刺激血液循环、带走代谢物，并减少肌肉疼痛，实施步骤与热身时相同。

2. 强化柔软度训练

柔软度训练可加强肌肉的伸展性，对于增加关节运动幅度及防止肌肉拉伤十分重要。此外，伸展度愈好的肌肉，肌力增加的幅度愈大。为了防止手部、肩部及肘部的伤害，上半身的柔软度训练应包含颈关节、肩关节、二头肌、三头肌、三角肌、屈指肌、伸指肌及背部群肌等部位之伸展。

3. 加强肌力的训练

肌力发展不健全往往是许多运动伤害的肇因，如某些攀岩者的肌腱炎便是由于二头肌之强度远大于其拮抗肌—三头肌，而使三头肌肌腱撕裂所致。对于攀岩者而言，拮抗肌的训练应着重于前臂伸肌、三头肌及背肌之强度，以与前臂屈肌、二头肌及腹肌之发展相称。另外，为减少肩部'夹击症候群'的罹患率，则须强化旋转带肌群、下斜方肌、前锯肌等，以增加肩关节的稳定度。

六、羽毛球运动

（一）项目概述

羽毛球是一项室内、室外都可以进行的体育运动。自1992年起，羽毛球成为奥运会的正式比赛项目。依据参与的人数，可以分为单打与双打，及新兴的3打3。羽毛球拍由拍面、拍杆、拍柄及拍框与拍杆的接头构成。球拍的发展向着重量更轻、拍框更硬、拍杆弹性更好的方向发展。

（二）损伤类型

在羽毛球运动中比较常见的损伤有：软组织损伤，如肌肉拉伤、肌腱扭伤、断裂伤等；关节与韧带损伤，有急性和慢性的关节与韧带损伤，其中以慢性关节、韧带损伤较为多见，如膝、踝损伤，肱骨外上髁炎等；骨骼损伤，主要是肩关节、肘关节脱位，但羽毛球中较少出现。

（三）损伤原因

1.腕关节损伤

腕关节损伤是羽毛球运动中经常发生的损伤。由于羽毛球的技术要求，在击打、悬挂、拾取、推动、拍打和钩住手腕时，需要向后伸展和向外伸展动作。然后，根据不同的技术要点，手腕快速伸展闪动抽打来击球，或者手腕从向后伸展到向内伸展、向内旋转、闪动切割来击球。在这种快速向后伸展和鞭打动作的过程中，手腕不断以不同角度向内、向外旋转和向内收缩。结果，手腕的薄弱环节三角软骨盘，被旋转挤压不断损坏。

2. 肩关节损伤

人体运动范围最广、运动面积最大的关节就是肩关节。它围绕三个基本轴线都可以运动，肩关节可用于屈伸、外展和内收；它可以围绕垂直轴在内部和外部旋转，肩关节结构薄弱导致稳定性不足。肩关节损伤主要有4种，分别是肩关节撞击、肩袖损伤、肩韧带损伤和肱二头肌长头肌腱损伤。打羽毛球时，需要通过肩关节外展来进行引拍和挥拍动作，但是如果太用力或者热身不够，会在很长一段时间后出现“肩部撞击”症状。肌肉力量小以及过度的运动和用力会导致肩袖损伤。技术动作不正确，正手击杀球或高远球时手臂不够放松，力量无法依次通过肩膀、肘部、手腕和手指传递到网拍头，力量到达肩膀时会断裂，导致肩膀承受大部分力量，并在一段时间的长期积累后形成伤害。

3. 膝关节损伤

膝在羽毛球运动中，运动员需要经常性快速启动、紧急转向、或者紧急停止，在此过程中，体重和来自地面的冲击力会给膝关节造成极大的压力，很容易造成膝关节的韧带拉伤，还可能会给膝关节造成更严重的损伤，如韧带断裂等。从羽毛球运动技术要点方面来说，除了羽毛球上手发球和高压球技术之外，其他技术要点都要求膝关节长时间处于半蹲状态。在许多运动中，膝关节处于半蹲的位置，并且经常施加力或以130度—150度的角度运动。当关节活动时，髌骨软骨表面很容易由于“不和谐槽”的长期“扭曲”和“挤压”而造成损伤，从而引起髌骨劳损导致膝关节的正常功能无法正常使用。

4. 踝关节损伤

相关资料的研究表明，在运动的过程中支撑脚不稳定、技术动作差、运动损伤、起跳动作错误和准备活动不足等都是踝关节损伤的主要原因。羽毛球运动中，踝关节将用于全场跑动、跨步支撑和起跳落地等所有运动。所以,羽毛球爱好者对于预防踝关节损伤的原因是必须要有一定了解的。在全场跑动的过程中,踝关节长时间处于各种不定方向、不定角度的发力阶段,一旦急停,身体和地面冲力对于踝关节的作用力将是极大的,很容易导致踝关节的扭伤甚至是断裂,保持动作的规范在此时就至关重要了。

5. 开放性运动损伤

据研究表明,羽毛球开放性损伤发生的概率非常高,主要有手脚起泡等问题。在进行羽毛球运动时,手掌会直接接触羽毛球拍。在球拍握拍时姿势不当,手胶硬度高、吸汗性能差。运动者握拍不紧、握拍力差或者击球时经常打不到球等,导致球拍手柄不断摩擦手掌,从而引起手掌起泡。脚起泡的主要原因是脚底与袜子或鞋子之间过度摩擦。

主要参考文献

[1]蔡恒生.足球游戏对5—6岁幼儿动商的影响与分析[D].天津体育学院,2020.

[2]曾炘瑜,陆鹏程.篮球运动对幼儿动商的影响与分析[J].灌篮,2021(5):5-6.

[3]陈金鼠.基于动商理念探究幼儿体育活动的游戏化教学模式[J].家长,2021(33):10-11.

[4]陈庆国,马中林.幼儿动商教育研究的有效实践——评《幼儿园户外体育活动设计与组织》[J].职业教育(下旬刊),2019(3):97.

[5]陈玮玲.探析幼儿动商教育的重要性[J].读写算,2021(20):33-34.

[6]陈幸军.幼儿教育学 新版[M].北京:人民教育出版社,2003:132.

[7]程正理.浅析幼儿教育方法[J].甘肃教育,2020 (22):100.

[8]崔学鸿.赏识教育初论[M].合肥:安徽大学出版社,2003:4.

[9]丁海东.论学前教育的规律[J].学前教育研究,2009(7):29-31.

[10]丁家红.动商从幼儿基本动作开始[R].国家教师科研专项基金科研成果2019(八),2019.

[11]段镇.少先队学[M].上海:上海人民出版社,2015:222.

[12]范云峰.动商理念下幼儿体育活动游戏化教学相关[J].才智,

2020(16):158.

[13]冯季林.教学的游戏性研究[D].湖南师范大学,2008:61.

[14]胡欢欢.幼儿体育教学中传统体育游戏的融入研究[J].南昌师范学院学报,2020(3):106-109.

[15]黄勇明,封娟.论传统幼儿体育游戏"五维五策略"的整合改编[J].教育观察,2021(4):16-17,20

[16]纪元.基于"三商一体"背景下的幼儿动商发展研究[J].青少年体育,2020(6):135-136.

[17]蒋磊.5—6岁幼儿动商测评量表的初步研制[D].南京体育学院,2016.

[18]焦新.尊重儿童发展规律　提高学前教育质量:教育部学前教育专家指导委员会负责人就《3—6岁儿童学习与发展指南》答记者问[N].中国教育报,2012-10-16(2).

[19]金岚,王洪艳,尹东方.幼儿习惯养成教育探索[M].杭州:浙江教育出版社,2015:3.

[20]李慧真.KDL幼儿运动游戏课程对5—6岁幼儿动商的影响[D].辽宁师范大学,2020.

[21]李锦国.幼儿体育游戏创编原则初探[J].辽宁师专学报(自然科学版),2018(3):50-52.

[22]李云霄,雷萌.学生核心动商培养路径及内容分析[J].四川体育科学,2017(6):47-49.

[23]林昆仑,雍怡.自然教育的起源、概念与实践[J].世界林业研究,2022(2):8-14.

[24]刘宗瑜.动商理论在地方幼儿园体育教学中的应用[J].灌篮,2021(7):75-76.

[25]罗露露.简析幼儿园培养幼儿动商的重要性[R].国家教师科研专项基金科研成果2018(四),2018.

[26]庞博.关于学前教育规律的思考[J].才智,2011(10):106.

[27]盛慧慧.幼儿园开展民间体育游戏的调查研究——以C幼儿园为例[D].长春:吉林外国语大学,2019.

[28]石作政.基于动商理念:幼儿“三商”素质协调发展之体育行为开发[J].铜仁学院学报,2017(12):73-77,90.

[29]斯宾塞 H.斯宾塞的快乐教育[M].颜真译.福州:海峡文艺出版社,2010.

[30]孙英俊,于群,王利平.幼儿动商教育研究综述[J].教育观察,2020(20):25-27.

[31]孙英俊,沈敏.幼儿园动商教育的意义与对策[J].体育画报,2020(14):64-65.

[32]孙英俊,王利平.探析幼儿动商教育的意义、内容及措施[J].教育观察,2020(4):5-7.

[33]王保龙.动商视域下幼儿体育课程构建研究[J].青岛职业技术学院学报,2020(3):58-60.

[34]王标,李蓓蓓.动商理论及其对小学教育的启示[J].新教育,2022(7):63-65.

[35]王嘉成.平衡车运动对5岁幼儿动商影响的实验研究[D].聊城大学,2020.

[36]王建刚,张万宝,王茂,等.动商理念视域下幼儿体质下降的现实思考与路径选择[J].青少年体育,2021(8):134-136.

[37]王学琳.论学前教育对幼儿个性发展的重要性[J].宁夏师范学院学报,2021(11):87-89.

[38]王宗平,张怡.动商——人类全面发展的重要支脚[J].体育学刊,2014(4):13-16.

[39]魏力,范嘉捷,李建良.动商测定系统指标体系的构建方法[M].北京:海潮出版社,2015:109-113.

[40]向葵花.重新审视惩戒教育[J].中国教育学刊,2004(2):27-28,32.

[41]徐兴国,解宏燕,芦毅恒.儿童学习与发展视野下幼儿足球游戏课程的思考与构建[J].南京体育学院学报,2020(11):58-64.

[42]虞永平.用规律指引学前教育健康发展[J].幼儿教育,2018(13):55.

[43]詹本乐,邓青.论“动商”理念下幼儿足球课程顶层设计[J].体育科技文献通报,2017(8):25-27.

[44]张福华.幼儿体育游戏本质及实践路径研究[J].体育视野,2020(2):34-36.

[45]张红兵,李海燕,崔成均,等.动商测试量表、动商公式和评价标准构建——以5—6岁儿童动商测评体系研究为例[J].武汉体育学院学报,2016(2):69-74.

[46]赵雪静.CIPP教育评价下绳之健课程对幼儿动商发展的研究[J].新课程,2021(27):16.

[47]郑淞,石国建,朱钦云,等.幼儿动商教育的时代价值与策略探析[J].基础教育研究,2021(14):96-98.

[48]周国霞,王玉洪.昆明市市区3岁幼儿“动商”现状及发展策略研究[J].体育世界(学术版),2018(11):165-166.

附录一　幼儿动商教育知识题库

一、名词解释

1.运动素质

运动素质是人体运动的一种能力，一般指人体运动中表现出来的力量、速度、耐力、灵敏、柔韧等机能能力，能力的大小决定于肌肉的解剖生理特点，肌肉工作的供能情况、内脏器官的机能及神经系统的调节。运动素质与人体完成各项活动、适应外界环境有密切的关系，也是掌握运动技术、提高运动成绩的基础。

2.力量素质

力量是指运动时，肌肉活动时克服阻力的能力。肌肉收缩是人体运动的动力。在中枢系统的统一调节下，肌肉活动是人体运动的核心。力量素质的表现形式是多方面的，一般包括最大力量(单纯力量、绝对力量)、速度性力量(爆发力)、耐久性力量(力量耐力)等。

3.速度素质

速度素质是指快速运动的能力，它包括反应速度和运动速度，而运动速度又可分为动作速度和移动速度。影响速度的因素很多，除中枢神经系统外，还有肌肉的收缩特征、能力和其他协调性、机体的各种技能和技能状况。例如，奔跑速度主要取决于步频和步长，而步频的主要因素是神经系统灵活性和协调性。神经系统的发育较早，成熟也早，步频提高应尽早进行，一般在13岁后步频就不再提高。步长主要取决于后蹬力，而力量在13岁后，才快速发展。

4.耐力素质

耐力是机体长时间工作克服疲劳的能力。耐力是相对疲劳而言的。运动中的疲劳有多种表现形式，如感觉的、心理的和运动器官的疲劳等等，不过，所有疲劳最终与机体能量供应系统、神经系统的兴奋程度有关。所有耐力的培养提高，应以运动所需的能源储备与供应为基础，提高心肺功能，提高耐乳酸等抗疲劳的能力。

5.柔韧素质

柔韧素质是指各关节活动的幅度、肌肉韧带的伸展能力。影响柔韧素质的主要因素是肌肉、韧带组织的弹性、关节的骨结构等等。柔韧素质的训练方法有两种：主动练习和被动练习，这两种方法又都可以采用静力性练习和动力性练习两种方式。

6.灵敏素质

灵敏是指人体迅速改变体位、转换动作、变换身体姿势和方向的能力。灵敏与大脑皮层神经过程的灵活性有着密切的关系。突然地启动、急停、变换方向等等，都要求兴奋和抑制过程迅速转换。灵敏素质是人体各种能力的综合表现，在发展灵敏素质的训练中，应从培养人体的各种能力入手，培养其掌握动作、反应和平衡等能力。

7.身体素质的衡量指标

衡量身体素质的指标由力量、耐力、柔韧性组成。提高身体素质，应从这三方面着手。力量是指机体某部分肌肉的爆发力。耐力是指人体长时间工作或运动时克服疲劳的能力。柔韧性是指人体关节活动幅度的大小以及韧带、肌腱、肌肉的弹性和伸展能力。三者相互关联，任何一种机能下降都会影响到整体的身体素质，锻炼时要特别注意三者相结合。

8.热身运动

热身运动，又称准备运动，是某些全身活动的组合，在主要身体活动之前，以较轻的活动量，先行活动肢体，为随后更为强烈的身体活动做准备，目的在于提高随后激烈运动的效率、安全性，同时满足人体在生理和心理上的需要。锻炼之前，人体的机能能力和工作效率不可能在一开始就达到最高水平，因而需要通过热身调整运动状态。

9.队列队形

队列队形是三人以上的幼儿按照一定的规范进行练习，要听从统一的信号，进行协调一致动作的练习。

10.幼儿体育游戏

幼儿体育游戏主要由各种基本动作组成，有一定规则和玩法，并要取得一定结果的游戏，是一种融合运动、游戏和教育指导的身体练习活动。

11.幼儿体育活动结构

幼儿园体育活动结构，即组成幼儿体育活动的各要素相互联系和相互影响的总和，包括过程结构和内容结构。

12.幼儿园体育教学

幼儿园体育教学是在幼儿园教师与幼儿之间进行的有组织有计划的体育活动。

13.户外体育活动

户外体育活动是除晨间锻炼、早操和体育课以外，幼儿园在一日活动中为幼儿提供的其他的户外体育锻炼机会。

14.幼儿园体操练习

幼儿园体操练习是有组织有结构的成套身体动作练习，一般有儿歌、音乐或节奏伴随。它是一种全身性的系统的身体锻炼活动。幼儿园体操活动包括基本体操和队列队形练习。

二、单项选择题

1.幼儿园4—5岁幼儿基本体操多是：（B）

A.以模仿操为主

B.以徒手操为主

C.以轻器械操为主

D.棍棒操和红旗操

2.立定跳远的主要锻炼价值是:(D)

A.发展平衡力

B.发展灵敏性和协调能力

C.提高弹跳能力、发展平衡力和协调能力

D.提高弹跳能力、下肢爆发力、发展协调能力

3.对儿童平衡活动的要求是:(C)

A.强度大、密度大、时间短

B.强度小、密度大、时间长

C.强度小、密度小、时间长

D.强度大、密度小、时间短

4.体育游戏中“惩罚性游戏规则”开始出现是在:(C)

A.1—3岁儿童

B.小班

C.中班

D.大班

5.儿童追捉性游戏多开展于:(C)

A.托班

B.小班

C.中班

D.大班.

6.幼儿园轻器械操较多地开展于:(D)

A.托班

B.小班

C.中班

D.大班

7.“浪船”属于固定性运动器械中的:(A)

A.摆动类

B.滑行类

C.旋转类

D.颠簸类

8.儿童掌握各种基本动作、提高基本动作能力和身体素质的最佳方法是:(D)

A.练习法

B.示范法

C.讲解法

D.游戏法

9.幼儿园晨练活动一般控制在:(B)

A.20—30分钟

B.30—40分钟

C.40—50分钟

D.60分钟左右

10.日光浴开始的温度一般要低于:(C)

A.25摄氏度

B.30摄氏度

C.33摄氏度

D.35摄氏度

11.“游公园”活动属于:(B)

A.空气浴

B.远足活动

C.日光浴

D.户外体育活动

12.多以跑跳为主的体育游戏选择一般在:(D)

A.3岁

B. 大班

C. 中班

D. 小班

13. 属于个人体育游戏的是：(B)

A. 找朋友

B. 跳皮筋

C. 吹泡泡

D. 小兔找山洞

14. 应该是对"'快乐童年'的反思误解"的再反思的理论是：(A)

A. 淬砺性体育理论

B. 生活体育理论

C. 快乐体育理论

D. 小集团学习理论

15. 属于人体机能适应性规律的是：(D)

A. 上升阶段

B. 平稳阶段

C. 下降阶段

D. 复原阶段

16. 游戏玩法多样化的体育游戏选择一般在：(B)

A.3 岁

B. 大班

C. 中班

D. 小班

17. 反对脱离儿童生活需要的系统体育知识技能传授，强调要按照儿童的现实生活需要来组织体育教学的内容和方式的理论是：(D)

A. 体力主义体育理论

B. 小集团学习理论

C. 快乐体育理论

D. 生活体育理论

18.“游戏中可带有各种动作,游戏的内容已多样化”的体育游戏特点属于:(C)

A.1—3岁儿童

B. 小班

C. 中班

D. 大班

19. 队列队形是几人以上的幼儿集体按照一定的规范进行练习,听从统一的信号,进行协调一致动作的练习:(C)

A. 一

B. 四

C. 三

D. 两

20. 在小班体操练习中,第一次运动高潮是:(A)

A. 腹背运动

B. 跳跃运动

C. 下肢运动

D. 全身运动

21. 在中班和大班体操练习中,第一次运动高潮是:(C)

A. 腹背运动

B. 跳跃运动

C. 下肢运动

D. 全身运动

22. 幼儿园中班基本体操是:(B)

A. 以模仿操为主

B. 以徒手操为主

C. 以轻器械操为主

D. 棍棒操和红旗操

23. 徒手操的顺序是:(A)

A. 上肢运动——扩胸运动——下肢运动——腰部运动——腹背运动——跳跃运动——整理运动

B. 上肢运动——下肢运动——扩胸运动——腹背运动——腰部运动——跳跃运动——整理运动

C. 上肢运动——下肢运动——扩胸运动——腰部运动——腹背运动——跳跃运动——整理运动

D. 上肢运动——扩胸运动——下肢运动——腹背运动——腰部运动——跳跃运动——整理运动

24. 原地纵跳触物(距指尖20—25厘米);立定跳远大于40厘米的跳跃活动内容一般在:(B)

A.3岁

B. 大班

C. 中班

D. 小班

25. 步幅小而不均匀,步幅时大时小,步频高的跑步活动内容一般在:(C)

A.3岁

B. 大班

C. 中班

D. 小班

8. 在物与物之间或平衡板上走;短途“远足”的走步活动内容一般在:(C)

A.3岁

B. 大班

C. 中班

D. 小班

26. 立定跳远起跳时蹬得有力，蹬摆协调，落地轻稳的幼儿跳跃活动内容一般在：(D)

A.3岁

B. 大班

C. 中班

D. 小班

27. 模仿操一般适应于：(B)

A.0—2岁儿童

B.2—4岁儿童

C.4—6岁儿童

D.0—6岁儿童

28. 安排儿童常规体育活动，应于饭前、饭后至少间隔多少分钟以上：(B)

A.20

B.30

C.40

D.50

29. 学前儿童体育活动运动负荷的特点是：(C)

A. 强度较小，密度较小，时间较长

B. 强度较大，密度较大，时间较短

C. 强度较小，密度较大，时间较短

D. 强度较小，密度较大，时间较长

30. 学前儿童体育活动中品德教育侧重于培养儿童的：(C)

A. 道德认识和道德行为

B. 道德行为和道德情感

C. 道德情感和道德意志

D. 道德行为和道德意志

31. 根据不同的练习环境、条件及不同的动作组合而进行的练习法，称之为：(C)

A. 分解练习法

B. 变换练习法

C. 重复练习法

D. 循环练习法

32. 在动作技能形成过程中，最早建立巩固的动作动力定型的阶段是：(C)

A. 动作学习的泛化过程阶段

B. 动作学习的分化过程阶段

C. 动作学习的巩固过程阶段

D. 动作的自动化过程阶段

33. 下列不属于学前儿童身体形态生长发育最基本测查指标的是：(D)

A. 坐高

B. 头围

C. 胸围

D. 呼吸差

34. 蹦蹦床属于固定性运动器械中的：(C)

A. 摆动类

B. 旋转类

C. 弹跳类

D. 钻爬类

35. 儿童最早发展的是身体的中部动作，然后是双臂和腿部动作，最后是腕、手及手指动作，这表明儿童动作发展遵循了：(B)

A. 由首至尾和由近及远的规律

B. 由首至尾和由粗到细的规律

C. 由近及远和由粗到细的规律

D.由近及远和由细到粗的规律

36.学前儿童体育活动最基本的组织形式是:(D)

A.早操活动

B.体育课

C.户外活动

D.三浴锻炼

37.体育游戏的分类一般应选择:(C)

A.按动作性质分类的方法

B.按游戏情节分类的方法

C.按运动负荷分类的方法

D.综合分类的方法

38.增强学前儿童体质最有效的途径是:(C)

A.课堂教学

B.家庭环境

C.体育锻炼

D.劳动锻炼

39.下列活动中,最能促进儿童身体两侧肌肉力量协调发展的是:(A)

A.抛接球

B.摇马

C.平衡板

D.攀登

40.调整幼儿体育游戏的活动量主要应考虑:(C)

A.幼儿生理变化

B.幼儿活动兴趣

C.幼儿对游戏的掌握程度

D.幼儿对游戏的参与程度

41. 儿童对自抛自接球和短距离相互抛球的掌握一般在:(A)

A. 托班

B. 小班

C. 中班

D. 大班

42. 体育课中合理运用的时间与课的总时间之比,指的是体育课的:(B)

A. 一般密度

B. 运动密度

C. 练习密度

D. 单一密度

43. 科学安排学前儿童运动量应遵循的原则是:(C)

A. 以大运动量为主

B. 适量性

C. 由大到小

D. 高难度

44. 对中班儿童而言,下列口令要求适宜且正确的是:(D)

A. 立正时,上体正直,两臂自然下垂,眼睛正视前上方

B. 稍息时,两脚平行站立,两臂自然下垂,眼睛看前方

C. 原地踏步时,上体正直,上下肢迅速的时期

D. 齐步走时,上体正直,自然向前走,两臂前后自然摆动

45. 徒手操中,幼儿的上肢动作是指:(A)

A. 举、振、转、绕等动作

B. 举、振、转、屈、伸等动作

C. 举、屈、伸、转、绕环等动作

D. 举、振、屈、伸、绕等动作

三、多选题

1.下面属于大班体育游戏能力的有:(ABCD)

A.能在变化的条件中自如地运用已有动作

B.知识经验和生活经验丰富,活动的目的强,喜欢有胜负的游戏

C.游戏中能自觉克服困难完成任务,意志力增强

D.能理解较复杂的游戏情节和角色

2.幼儿园体育教学的基本规律包括:(ABC)

A.动作形成规律

B.人体机能适应性规律

C.人体生理机能能力变化规律

D.自适应规律

3.幼儿早操活动的指导要点包括:(ABCD)

A.精选符合体育活动要求的音乐,音响清晰适度并符合审美要求

B.研究各操节与不同年龄幼儿锻炼效果的关系,增加锻炼的实际效果

C.根据季节和气候及时调整早操的运动量

D.发挥教师在韵律操创编中的创造性。

4.属于动作形成规律的是:(ABC)。

A.粗略掌握阶段

B.改善提高阶段

C.巩固和运用自如阶段

D.超量恢复阶段

5.下列属于侧重强调支持个人生存适应的体育理论的有:(ABCD)

A.淬砺性体育理论

B.体力主义体育理论

C.快乐体育理论

D.小集团学习理论

6. 幼儿园体育的任务是:(ABC)

A. 增强体质

B. 促进身心全面、和谐、健康发展

C. 丰富生活

D. 适应社会

7. 下列属于幼儿动商教育活动指导要点的有:(ABCD)

A. 总时间1—2小时

B. 场地多采用分享方式(按计划轮流交叉使用)

C. 尽可能使幼儿自主选择运动项目和器材,选择活动方式,自主解决问题与纠纷

D. 高度注意安全隐患,随时进行监督检查和安全教育

8. 上体育课的要点包括:(ABCD)

A. 方法选择

B. 控制运动量

C. 重视动作

D. 纪律要求

9. 幼儿动商教育活动的内容包括:(ABCD)

A. 利用环境和大型设施的锻炼活动(楼梯、操场、农村的自然环境)

B. 利用大中小型专业体育器械的锻炼活动(攀登架、跳绳、沙袋)

C. 利用各种替代性器械或自制器械的锻炼活动(轮胎、高跷)

D. 各类体育游戏

10. 幼儿晨练活动的内容包括:(ABC)

A. 集体的体育游戏

B. 集体的慢跑或走、跑交替锻炼活动

C. 自由或分组的中、小型器械锻炼活动

D. 远足活动

11. 属于人体生理机能能力变化规律的是:(BC)

A. 粗略掌握阶段

B. 平稳阶段

C. 下降阶段

D. 复原阶段

12. 幼儿体育游戏的特点包括：(ABCD)

A. 基础性：基本动作、基本素质

B. 娱乐性：模仿、竞争、生活性

C. 开放性：取材广泛、形式灵活

D. 教育性：全面发展

13.《幼儿园教育指导纲要(试行)》中，健康教育的内容与要求包括：(ABCD)

A. 开展丰富多彩的户外游戏和体育活动，培养幼儿参加体育活动的兴趣和习惯

B. 用幼儿感兴趣的方式发展基本动作，提高动作的协调性、灵活性

C. 提高幼儿对环境的适应能力

D. 在体育活动中，培养幼儿坚强、勇敢、不怕困难的意志品质和主观、乐观、合作的态度

14. 幼儿体育游戏进行中的指导要点包括：(ABCD)

A. 讲解示范

B. 角色分配

C. 掌握幼儿的活动量

D. 严格监督规则的执行

15. 幼儿园体育课的评价内容包括：(ABCD)

A. 内容正确

B. 目的明确

C. 方法正确

D. 效果要好

16. 幼儿园运动会的主要内容包括：(ABC)

A. 体育表演

B.远足活动

C.体育竞赛

D.体育娱乐

17.下面属于几种常见的幼儿体育理论的是:(ACD)

A.侧重强调社会发展需求的体育理论

B.侧重强调个人发展需求的体育理论

C.侧重强调学科系统性的体育理论

D.侧重强调支持个人生存适应的体育理论

18.幼儿晨练活动的指导要点包括:(ABCD)

A.时间控制:30—40分钟

B.所有场地器材的布置与整理应在教师指导或协助下由幼儿亲自完成

C.重视幼儿参与锻炼器材的设计与制作活动

D.注意培养幼儿自主选择锻炼内容的能力

19.下面属于中班体育游戏能力的有:(BCD)

A.有集体观念、规则意识强

B.基本活动能力和身体素质提高,协调性提高

C.游戏目的性增强,开始关注结果,有竞赛意识

D.游戏中能表现出一定解决问题能力和创造性

20.幼儿体育游戏的选编原则包括:(ABCD)

A.锻炼性

B.教育性

C.兴趣性

D.科学性

21.《幼儿园教育指导纲要(试行)》中,健康教育的指导要点有:(ABC)

A.健康领域的活动要充分尊重幼儿生长发育的规律

B.培养幼儿对体育活动的兴趣是幼儿园体育的重要目标

C.要根据幼儿的特点组织生动有趣、形式多样的体育活动

D.喜欢参加体育活动，动作协调、灵活

22.下面属于身体素质的有：（ABCD）

A.力量

B.耐力

C.速度

D.柔韧性

23.幼儿体育游戏前准备工作包括：（ACD）

A.有针对性地选择游戏

B.进行动作纠正及个别指导

C.熟悉内容

D.物质准备

24.体质包括：（ABCD）

A.体格

B.体能

C.人体适应能力

D.心理状态

25.下列属于幼儿园远足活动指导要点的有：（ABCD）

A.根据幼儿实际情况，循序渐进

B.强调外出纪律和安全教育

C.沿途见闻的随机教育

D.鼓励和帮助娇气和体弱幼儿

26.幼儿园体育活动的基本内容包括；（ABCD）

A.基本动作

B.基本体操

C.身体素质练习

D.器械练习

27.幼儿体育活动过程中的实施阶段包括：（ABD）

A.动作的预备

B. 主要用力

C. 选择和设计动作活动

D. 结束

28. 队列队形的指导要点包括:(ABCD)

A. 教师位置适当,示范时精神饱满,姿势规范

B. 口令运用合理,注意预令和动令的运用节奏。可以适当使用形象化语言

C. 利用标志物帮助幼儿学习队形变化

D. 灵活设计教学形式,激发幼儿兴趣

29. 幼儿园体育活动中的动机和目的包括:(ABD)。

A. 认识性动机与目的

B. 操作性动机与目的

C. 交往性动机与目的

D. 发展性动机与目的

30. 下面属于幼儿园跑步活动方法的有:(ABD)

A. 榜样示范法

B. 语言指导法

C. 游览

D. 体育游戏法

31. 幼儿园体育活动中的活动对象包括:(ABC)

A. 认识对象

B. 操作对象

C. 发展对象

D. 动机对象

32. 下面属于幼儿园走步活动方法的有:(ABCD)

A. 配乐走步

B. 击响走步

C. 儿歌走步

D.散步或游览

33.下列属于自动的适应性活动的是:(ACD)

A.幼儿听到要玩球心跳加快

B.体育活动中教师组织的准备活动

C.幼儿听到做游戏情绪马上就活跃起来

D.幼儿听到要捉迷藏呼吸加深

34.下面属于幼儿园跳跃活动方法的有:(ABCD)

A.模仿法

B.条件法

C.配乐练习法

D.创新法

35.幼儿园体育活动的教育内容包括:(ABCD)

A.健身内容

B.德育内容

C.智育内容

D.个性发展内容

36.幼儿园体育活动内容的特点是:(ABC)

A.基础性

B.兴趣性

C.科学性

D.高难度性

37.幼儿平衡活动指导要点包括:(ABCD)

A.平衡活动运动以心理负荷为主,宜安排在情绪稳定,体力充沛之时。避免疲劳时进行

B.平衡活动生理运动量不大,一般要结合跑跳活动

C.注意平衡器材及活动设计的新颖性

D.平衡活动中的安全教育和意志品质训练

38. 幼儿基本体操的意义在于:(ABD)

A. 促进幼儿身体均衡发展,培养良好的身体姿势

B. 学习不同方位、速度和节奏的各种动作,提高方位感、速度感和韵律感

C. 提高辨别方向的能力

D. 统一信号统一动作,有助于培养组织性和纪律性品质

39. 队列队形练习的作用在于:(ABC)

A. 提高辨别方向的能力,在集体中很快找到自己的位置

B. 培养协调一致活动的习惯,加强组织性和纪律性

C. 学会听信号做出各种动作,保证活动的顺利进行

D. 培养良好的身体姿势

40. 幼儿园体育活动目标的主要依据包括:(ABCD)

A. 教育部2001年颁布的《幼儿园教育指导纲要(试行)》

B. 健身为主,全面育人为辅的幼儿园体育价值观

C. 幼儿身心发展规律、年龄特点和现有水平

D. 我国当前幼儿师资状况、幼儿园物质环境与体育活动时间等客观条件

41. 幼儿园投掷活动指导要点包括:(ABCD)

A. 投掷活动以上肢练习为主,运动强度不够,多结合跑跳进行

B. 肩上投掷是大班教学重点,侧重全身动作;小、中班以练习挥臂动作为重点

C. 注意投掷物和投掷目标能否引起幼儿活动兴趣

D. 投掷活动中的安全教育

42. 幼儿园跳跃活动教学要点包括:(ABCD)

A. 重点教孩子掌握起跳和落地两个环节

B. 充分利用场地的特点和体育器材,采用多种方法激发幼儿跳跃兴趣

C. 注意控制幼儿运动量,注意跳跃活动的安全教育

D. 发展幼儿跳跃活动中的心理素质

43.队列练习的内容包括:(ABCD)。

A.按口令进行动作练习

B.排一路、二路纵队

C.排一列、二列、四列横队

D.站成八字形

44.徒手操节顺序的意义在于:(ABC)

A.从上肢运动开始,活动量逐步加大,跳跃运动时达到高潮

B.上肢运动和伸展运动,是人体从静态转到动态的比较理想的习惯动作

C.每套体操有两次运动高潮

D.每套体操只有一次运动高潮。

45.幼儿体育活动过程中的定向准备阶段包括:(ABCD)

A.形成动机,调节动机强度

B.确立目的的活动

C.选择和设计动作活动

D.身心准备活动

46.幼儿园走步活动教学要点包括:(ABCD)

A.通过早操、体育课中的走步练习,教幼儿掌握正确的姿势

B.利用散步、参观、游览活动发展幼儿走步能力

C.家长教师要给孩子作正确的动作榜样

D.活动设计新颖、注重兴趣培养。

47.幼儿体育活动过程结构包括:(ABC)

A.定向准备阶段

B.实施阶段

C.评价调节阶段

D.反思阶段

48.幼儿体操活动的指导包括:(ABCD)

A.内容选择要切合幼儿年龄特征

B. 活动准备要侧重清扫操场、检查必需的器械和物品等

C. 活动中：示范应正确优美，面向所有幼儿

D. 所选音乐要轻快活泼；注意讲解示范的完整性，保持做操的连贯性

49. 幼儿园跑步活动教学要点包括：(ABCD)

A. 通过多种形式的活动，培养幼儿跑的兴趣

B. 掌握正确的跑步姿势，教会幼儿口鼻混合呼吸

C. 重点指导幼儿跑步时“步子大，落地轻”

D. 跑步活动中的安全教育

50. 幼儿园体操活动包括：(AC)

A. 基本体操

B. 立定跳远

C. 队列队形练习

D. 投掷活动

四、判断题

1. 幼儿教师体育价值观的创新：体育不再是一个独立发展的活动或教育领域，更是一种能够使幼儿同时获得多方面整体发展的时间活动或教育途径。(√)

2. 从活动借助的媒体和活动方式的角度来讲，学校(幼儿园)体育的内涵是体育活动是教育活动的一种方式，是教育目标的具体组成之一。(×)

3. 体力又有行动体力和防卫体力之分，行动体力即抵抗各种打击的能力。(×)

4. 幼儿园体育价值观是健身为主、全面发展。(√)

5. 体育是身体的教育。(√)

6. 从社会指定的、受教育者的角度而言，学校(幼儿园)体育的内涵是人类的一种有意识地对他人施加影响、使其发生改变的社会实践活

动。(√)

7. 幼儿园体育教学只是教师向学生传递知识和技能的单向互动。(×)

8. 在普通课程的体育教学中，强调动作的规范性胜于关注动作的实用性和做动作的快乐体验，这在于强调体育文化发展功能的观念在实践层面的具体体现。(√)

9. 日本人历来特别强调生存适应的价值。所以，在日本人教育和体育中，特别被重视的是发展运动的动作技巧，而不是发展真实的生存适应意识和能力。(×)

10. 从学校体育的教育价值角度来讲，体育是包括身体及身体运动教育在内的人的全面和谐发展教育或个人潜在价值全面提升和展现的教育。(√)

11. 身体素质是人体主要器官系统的功能在肌肉工作中的综合反映。(√)

12. “运动文化体育理论”理论的核心在于特别强调：通过体育提高儿童的身体素质，是为未来参与国家的经济建设和国防建设做好准备。(×)

13. 学校幼儿园体育既是对受教育者实施全面发展教育的特殊领域，又是实现全面发展的手段。(√)

14.《幼儿园教育指导纲要(试行)》中，健康教育的目标是喜欢参加体育活动，动作协调、灵活。(√)

15. 在苏联的学校体制中，就有为培养年幼的“天才儿童”而专门开办的体育学校。(√)

16. 体质是指人体的质量。(√)

17. “准备性体育”的核心在于特别强调继承和发展人类在体育学科中的文化积累。(×)

18. 幼儿园体育活动的内容结构是说明幼儿体育活动的内容要素是怎样相互联系和相互影响的。(√)

19. 创造性身体活动是指利用身体进行的自我表现活动，属于幼儿园体育活动的基本内容。(√)

20. 幼儿体育活动中，实施阶段的活动内容、性质、质量、数量直接关系活动的总结果，并不影响评价调节阶段的内容，评价后的情绪效应以及调节活动的性质、内容、强度与数量。(×)

21. 幼儿体育活动过程结构包括活动对象、动机和目的、操作活动、活动方略、活动环境、活动结果、监控活动等。(×)

22. 幼儿园体育活动目标的表述方面，文字上力求准确生动、通俗易懂。(√)

23. 体育游戏与一般游戏一样，是一种具有鲜明的娱乐性活动，但并不属于幼儿园体育活动的基本内容。(×)

24. 幼儿园体育活动目标的表述方法不需要直接明确地展现体育目标的实质。(×)

25. 个性心理素质发展目标并不属于幼儿园体育活动具体目标。(×)

26. 体育能力是指有效完成体育活动的本领，它由身心各种因素构成。(√)

27. 动机和目的按水平可以分为总动机与目的和阶段性的动机和目的。(×)

28. 在我国幼儿园的体育体系中，基本体操一般包含徒手操、轻器械操和基本队形队列练习。(√)

29. 在动机与目的的层次上，有总的动机与目的和分类动机与目的。(×)

30. 审美内容是幼儿园体育活动的教育内容之一。(√)

31. 在我国幼儿园体育发展领域，要求幼儿能够基本掌握的基本动作一般包含走、跑、跳、投掷、平衡、钻、爬、攀登，有时包含旋转和翻滚。(√)

32. 幼儿园体育活动内容的特点之一是基础性，即幼儿园体育所要

发展的身心素质和所组织实施的活动内容是低层次的、必需的、易做到的，是幼儿未来发展的基础。(√)

五、简答题

1. 简述幼儿园体育活动的基本内容。

答：基本动作；基本体操；身体素质练习；器械练习；身体活动体育游戏。

2. 简述幼儿队列队形练习的意义。

答：提高辨别方向的能力，在集体中很快找到自己的位置；培养协调一致活动的习惯，加强组织性和纪律性；学会听信号做出各种动作，保证活动的顺利进行。

3. 简述幼儿园体育的主要组织形式。

答：晨间锻炼和早操活动；幼儿动商教育活动；幼儿园室内体育活动；午后锻炼活动；幼儿园运动会等等。

4. 幼儿园体育的意义。

答：促进幼儿生长发育；发展体能，提高对环境的适应能力；培养良好的心理品质、促进社会化进程；支持智力发展。

5. 简述体育游戏选编的原则。

答：锻炼性；教育性；兴趣性；科学性。

6. 简述幼儿基本体操的意义。

答：促进幼儿身体均衡发展，培养良好的身体姿势，增强肌肉、骨骼、韧带和内脏器官的功能。学习不同方位、速度和节奏的各种动作，提高方位感、速度感和韵律感。统一信号统一动作，有助于培养组织性和纪律性品质。

7. 简述幼儿园晨间锻炼活动的指导要点。

答：时间控制：30—40分钟（可根据年龄、气候、幼儿园课程特点适当变化）；所有场地器材的布置与整理应在教师指导或协助下由幼儿亲自完成；重视幼儿参与锻炼器材的设计与制作活动；注意培养幼儿自主选择锻炼内容的能力。

8.幼儿园体育活动目标的表述方法。

答:①用幼儿发展指标的形式表述。直接明确地展现体育目标的实质,展现幼儿体育素质的发展方向。如“记住……学会……初步掌握……”。同时。要求包括行为内容和掌握程度。如“培养运动创新能力,做到喜欢尝试新的运动,能主动变化运动及活动策略和玩法”。②文字上力求准确生动、通俗易懂,便于教师全面具体地掌握全部目标内容,增加全面目标意识。

9.列举幼儿园体育活动的五种组织形式。

答:晨间锻炼和早操活动;幼儿动商教育活动;幼儿园室内体育活动;午后锻炼活动;幼儿园运动会等等。

10.列举增加幼儿体育活动运动量的五项策略。

答:改变内容,增减强度;改变练习的重复次数;改变练习顺序、合理休息;改变练习条件、范围大小、障碍物的多少;改变练习密度、教学方法。

11.幼儿晨练活动的内容。

答:集体的体育游戏;集体的慢跑或走、跑交替锻炼活动;自由或分组的中、小型器械锻炼活动。

六、案例分析题

1.张老师是一位有亲和力的教师。为了能让每个孩子都能在体育活动中得到充分的运动,她在组织大班体育游戏《拯救小海龟》时,使用了“梅花桩、山洞、独木桥”等器材,目的是锻炼孩子们的平衡和钻爬能力。孩子们一个一个地通过,每通过一种器材,张老师都把孩子们集中起来小结一下,然后再进行下一个器材的练习。看到孩子们玩得很高兴,张老师先后重复了3次,最后因为时间到了,不得不撤掉原先准备的放在活动最后的竞赛游戏。

请结合上述案例作出分析和建议。

参考答案：

本题可参考大班平衡活动和钻爬活动的指导要点进行分析并给出建议。

平衡活动指导要点：平衡活动运动以心理负荷为主，宜安排在情绪稳定、体力充沛之时。避免疲劳时进行。平衡活动生理运动量不大，一般要结合跑跳活动。注意平衡器材及活动设计的新颖性。平衡活动中的安全教育和意志品质训练。

钻爬与攀登活动指导要点：此类活动四肢和躯干肌肉负荷较大，重在力量和灵活性的锻炼，宜与跑跳活动结合，避免疲劳。注意场所和器材的安全性，重在指导幼儿观察周围情况和自我控制。安全教育和品质训练。做好个别指导工作。

2. 某幼儿园为了加强幼儿的体质，采用连续上举杠铃等方法来训练上肢和躯干部肌肉的力量，用长时间下腰和压腿等方法来提高腰椎关节和髋关节的柔嫩性等。

问题：这个幼儿园这样做是否合理？为什么？

参考答案：

分别从如何上好幼儿体育课、幼儿体育课的目标与内容等方面进行阐述。

3. 在某幼儿园的一堂主题为“跳跃”的体育公开课上，小(2)班的王老师为了把课上好，想了不少办法。整堂课从开始到结束，始终在紧张、活泼的游戏氛围中进行，既有集体的游戏，如青蛙妈妈(由教师扮演)带领小青蛙(由幼儿扮演)一起练习本领(随着音乐做蛙跳动作)，也有分散游戏，如组织幼儿玩民间游戏“跳房子”(在地上画上方格，幼儿在其中蹦跳)等。课后，观摩的老师们发现，大多数孩子满头大汗，许多孩子嘴里直叫：“哎呀，真好玩，可就是累死我了。”

问题：请指出这节公开课的不足之处，并说明理由。

参考答案：

不足之处：运动密度太大，表现在大多数孩子课后满头大汗，许多孩子直叫“累死了”。

基本理由:①违背了儿童运动量应以中等强度为最佳选择的原则。②违背了动静交替、强弱交替的原则。

七、实践设计题

1. 请以“跳跃”为主要内容,为中班幼儿设计一次户外游戏活动。

参考答案:

中班跳跃活动可以包括以下内容:原地纵跳触物(距指尖15—25厘米);立定跳跃(大于30厘米);双脚向前行进跳;双脚在直线两侧行进跳;离地25—30厘米向下跳;夹沙包跳;单脚直线连续跳;助跑跳过大于40厘米的平行线。

可以从以上内容选择一二设计一次户外游戏活动,在教学中应注意以下几点:

重点教孩子掌握起跳和落地两个环节。起跳以腿部蹬伸和摆腿、摆臂协调为重点,注意正确的落地姿势;充分利用场地的特点和体育器材,采用多种方法激发幼儿跳跃兴趣;注意控制幼儿运动量,注意跳跃活动的安全教育;发展幼儿跳跃活动中的心理素质。

2. 请为大班小朋友设计一个体育游戏,要求以走步活动为例。

参考答案:

大班走步活动设计案例如下:“顶罐竞走”功能。

其活动目标:①发展走步的平稳性和头颈部控制所顶物品的平衡能力;②发展注意集中能力和头颈部本体知觉的敏锐性;③能帮助幼儿了解顶物不仅是游戏动作和杂技技术,还是一些民族的生活技能和劳动技能,这既能丰富幼儿的社会知识,又能激发民族情感;④培养竞争的精神。

其活动准备:①组织幼儿观看顶物杂技或顶物走的录像或图片,激发他们的模仿兴趣,丰富他们的社会知识;②帮助幼儿掌握顶物走的技能,要按先易后难的原则进行练习,先练习顶包,再练习顶罐。

其具体玩法：将参与游戏的人分为人数相等的若干队，各队再平分成甲乙2组，分别站在两端线上。各队甲组排头持小罐（或包）。听到起动信号后，各队甲组排头顶罐走进，到对面端线处把罐交给本队乙组的排头。依次进行。先走完全程的队获胜。

其活动规则：①只准走，不准跑；②必须顶物走完全程，如果中途顶物落下则应停下顶稳后再继续前进；③途中不准用手扶所顶的物品。

3. 结合教学实践，请为幼儿园小班设计一节具体的体育活动，内容以跑步活动为主。

参考答案：

小班跑步活动主要内容：沿场地周围跑；听信号向指定方向跑；圆圈跑；走跑交替100米；指定范围内四散跑；绕障碍跑等。

活动设计包括以下内容：活动目标、活动准备、活动过程和活动建议等。可根据排队跑步游戏“开火车”（听信号变速）进行设计。

附录二　幼儿动商教育知识测试

1.肥胖是由于体内什么物质沉积过多而引起的:(B)

A.肌肉

B.脂肪

C.蛋白质

D.糖分

2.人体运动中的功能物质包括糖、脂肪和:(D)

A.维生素

B.微量元素

C.水

D.蛋白质

3.正常人体的骨骼有多少块:(B)

A.580

B.605

C.615

D.650

4.运动过程中,运动负荷常用的测定方法是:(A)

A.手测脉搏

B.测肺活量

C.测血糖

D.测尿液

5. 对于运动中的肌肉酸痛下列处置方法不合适的是：(C)

A. 热敷

B. 伸展练习

C. 增加运动负荷

D. 按摩

6. 对于运动中肌肉痉挛，下列处置方法不合适的是：(D)

A. 对痉挛部位的肌肉做牵引

B. 按摩、揉捏、叩打痉挛部位

C. 点压涌泉穴等穴位

D. 冷敷痉挛部位

7. 对于运动中关节韧带损伤，下列处理办法哪种不合适：(D)

A. 在24小时内采用冷敷，必要时加压包扎

B. 在24小时以后采用理疗、热敷、按摩、针灸治疗

C. 疼痛减轻后增加功能性练习

D. 对急性腰部损伤要迅速按摩。

8. 消除运动性疲劳的方法，哪种不合适：(A)

A. 进一步加强运动

B. 积极性休息

C. 按摩

D. 营养与药物

9. 世界卫生组织认为，健康包括身体健康、心理健康、道德健康和：(A)

A. 社会适应良好

B. 自我实现

C. 信仰健康

D. 言行健康

10. 对青少年学生来说，以健身为目的的耐力练习，心跳脉搏应该维持在多少为宜：(C)

A.120—140 次/分

B.120—170 次/分

C.130—160 次/分

D.140—180 次/分

11. 运动中和运动后的饮水，应用以下列哪个为原则：(A)

A. 少量多次

B. 多量少次

C. 少量少次

D. 多量多次

12. 运动中韧带扭伤的处理方法中，下列哪种应先进行：(D)

A. 用绷带加压包扎

B. 揉搓或抖动

C. 热敷

D. 冷敷

13. 饭后立即运动，会使参与胃肠消化的血液又重新分配，流向肌肉和骨骼，从而影响食物的消化和吸收，还会因胃肠的震荡及牵扯而出现腹痛、恶心、呕吐等不良症状。一般认为饭后多长时间再进行运动较为适宜：(B)

A.0.5 小时

B.1 小时

C.1.5 小时

D.2 小时

14. 参加剧烈体育活动前，为了避免受伤，需要做：(D)

A. 放松运动

B. 整理活动

C. 拉伸运动

D. 准备活动

15. 下列选项中，属于发展灵敏性的手段是：(B)

A. 俯卧撑

B. 双摇跳绳

C. 负重蹲起

D. 立定跳远

16. 排球运动员大力发球中的击球动作是一种：(C)

A. 最大力量

B. 力量耐力

C. 快速力量

D. 相对力量

17. 长跑的呼吸节奏，在正常跑速时，一般采用：(B)

A. 一步一呼，二步一吸

B. 二步一呼，二步一吸

C. 二步一呼，三步一吸

D. 三步一呼，四步一吸

18. 长跑后不可马上坐下休息，必须做：(D)

A. 整理运动

B. 深呼吸运动

C. 慢慢走动

D. 以上皆是

19. 长跑运动后，身体一般生理变化为：(A)

A. 心跳加快，呼吸加深

B. 体温降低

C. 脉搏细弱

D. 肌肉松弛

20. 皮肤外伤处理过程不需要下列哪一项：(C)

A. 清洗

B. 消毒

C.冰敷

D.敷药包扎

21.造成运动伤害的原因很多，以下哪一项是：（D）

A.运动时身体不佳

B.运动技术不正确

C.运动时过度紧张

D.以上皆是

22.下列哪项是理想的减肥方法：（A）

A.运动

B.断食

C.吃减肥药

D.以上皆是

23.如果以健身为目的锻炼，一般人的运动频率应以每周多少次以上为适宜：（B）

A.2

B.3

C.4

D.5

24.改善亚健康状态的一种最有效、最廉价的手段是：（B）

A.心理咨询

B.健身运动

C.音乐治疗

D.社会交往

25.体育的娱乐功能，主要是为了满足下列哪方面的需要：（C）

A.生存和发展需要

B.提高生物潜能的需要

C.精神和文化生活的需要

D.增强体质的需要

26.爆发力是:(A)

A.最短时间内发挥最大力量的能力

B.长时间克服小阻力的能力

C.最短时间内克服小阻力的能力

D.长时间克服大阻力的能力

27.运动结束时,应做些身体放松练习,这样可使人体更好地从紧张的运动状态慢慢过渡到:(D)

A.兴奋状态

B.抑制状态

C.活动状态

D.相对的安静状态

28.属于我国民族特色的传统体育项目是:(D)

A.跳水

B.乒乓球

C.羽毛球

D.武术

29.造成运动伤害的原因很多,以下哪一项属于其诱因:(D)

A.运动时身体不佳

B.运动技术不正确

C.运动时过度紧张

D.以上皆是

30.帮助中国拿到奥运会第一枚金牌的运动员是:(B)

A.李宁

B.许海峰

C.邓亚萍

D.王义夫

31.在中国被称为体操王子的是:(A)

A.李宁

B. 李小双

C. 杨威

D. 李小鹏

32. 北京奥运会开幕式、闭幕式的总导演是:(D)

A. 陈凯歌

B. 陈维亚

C. 冯小刚

D. 张艺谋

33. 在运动锻炼身体的过程中,用一次又一次做动作来增加负荷的方法叫:(B)

A. 间歇锻炼

B. 重复锻炼

C. 连续锻炼

D. 负重锻炼

34. 一天最好的运动时间是在:(C)

A. 上午7:00—9:00

B. 中午12:00—1:00

C. 下午4:00—6:00

D. 晚上7:00—9:00

35. 肺活量是指一个人全力吸气后所呼出的:(B)

A. 最小气量

B. 最大气量

C. 最高气量

D. 一般气量

36. 水占人体重的:(D)

A.55%—60%

B.45%—55%

C.50%—55%

D.57%—60%

37.基础脉搏是指:(B)

A.安静时的脉搏

B.早晨醒来时的脉搏

C.运动后的脉搏

D.运动前的脉搏。

38.下列哪一项是良好的睡眠习惯:(C)

A.睡前可以做些体育运动

B.吃饱了再睡觉

C.睡前不要喝太多水

D.睡前饿了也不能吃东西

39.造成运动中"极点"的原因是多方面的,其直接因素是:(A)

A.运动前准备活动不充分

B.运动情绪过于低下

C.大脑氧债不断积累,并达到一定程度时

D.空腹或带病进行剧烈运动

40.对减肥锻炼者要有一定的运动量,耐力锻炼每次时间应控制在多长时间以上,并和控制饮食相结合:(C)

A.30分钟

B.40分钟

C.45分钟

D.1小时

41.剧烈运动后,我们应该进行整理活动,下面表述最合理的是:(B)

A.立即坐在地上休息

B.慢慢地走一走,抖动双腿

C.立即躺在地上休息

D.立即停止下来,站在原地休息

42. 运动员运动时，踝关节扭伤后应：(C)

A. 立即热敷按摩

B. 立即冷敷按摩

C. 立即冷敷，24 小时后热敷

D. 都可以

43. 在水中游泳时，如果遇到身体抽筋应先：(B)

A. 呼喊周围的人

B. 自己想办法自救

C. 不管它，继续游泳

D. 听天由命

44. 号称“世界第一运动”的项目是：(A)

A. 足球

B. 篮球

C. 乒乓球

D. 排球

45. 逆时针弯道跑时，身体应向那儿倾斜：(B)

A. 右

B. 左

C. 前

D. 后

46. 背越式跳高的助跑采用什么方式助跑：(C)

A. 直线

B. 弧线

C. 直线加弧线

D. 弧线加直线

47. 终点冲刺跑是临近终点的一段：(C)

A. 耐久跑

B. 途中跑

C. 加速跑

D. 快速跑

48. 国际羽联举办的世界男子团体赛为:(B)

A. 尤伯杯赛

B. 汤姆斯杯赛

C. 苏迪曼杯赛

D. 世界杯赛

49. 乒乓球被击出后的飞行轨迹是:(C)

A. 红线

B. 细线

C. 弧线

D. 直线

50.1999 年篮球史上第一位被 NBA 正式选中的亚洲籍球员是:(A)

A. 王治郅

B. 巴特尔

C. 姚明

D. 马健

后　记

2019年10月28日，以自己名字命名的“孙英俊幼儿动商教育研究工作室”得以在学校批准成立；2021年6月1日，“闲林职高幼儿动商教育研究院”正式挂牌成立。如今，“幼儿动商”方面的研究已经成为自己所在学校的办学特色之一了。

《幼儿动商教育教程》是我的第二本专著，也是“幼儿动商教育”研究方向确定后的又一成果。此书以《全科：幼儿园动商教育研究》一书为蓝本，融入中国职业技术教育学会和中华职教社黄炎培教育思想研究两项课题的研究成果。如今，该专著即将出版，我从心底想对曾经给予此书撰写帮助的领导、同事、朋友、学生们表示感谢，正是由于你们的无私帮助，才铸就我今日之果。特别是对于研究院的谷亨利、俞冬君、欧阳中香等伙伴的积极配合、无私奉献，谢谢你们。当然，也要感谢闲林中心幼儿园、闲林海文幼儿园、闲林贝贝幼儿园、闲林白洋畈幼儿园、杭州黑马童年、杭州阳光儿童运动馆等动商研究合作单位。更要感谢的是我的妻子（张艳辉）和我的儿子（孙征南），他们一个给我默默的支持，一个给我前进的动力。

此书在资料收集与整理的过程中，参考了一些文献，其中一些内容找不到撰写者，也有一些文献原作者无法联系上。若涉及版权问题，烦请告知于我。特此致谢！

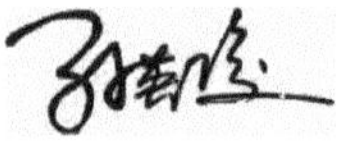

二〇二二年九月